जापानी भाषा प्राथमिक स्तर 1

日本語初級 1

だいち
大地

नेपाली भाषा संस्करण

वाक्यको संरचना व्याख्या र अनुवाद

文型説明と翻訳〈ネパール語版〉

山﨑佳子・石井怜子・佐々木 薫・高橋美和子・町田恵子

スリーエーネットワーク

©2025 by 3A Corporation

All rights reserved. No part of this publication may be reproduced, stored in a retrieval system, or transmitted in any form or by any means, electronic, mechanical, photocopying, recording, or otherwise, without the prior written permission of the Publisher.

Published by 3A Corporation.
Trusty Kojimachi Bldg., 2F, 4, Kojimachi 3-Chome, Chiyoda-ku, Tokyo 102-0083, Japan

ISBN978-4-88319-967-9 C0081

First published 2025
Printed in Japan

यस पुस्तक प्रयोगकर्ताहरुका लागि

यस पुस्तकमा (जापानी भाषा प्राथमिक स्तर 1 大地 मुख्य पुस्तक) को सहयोगी पुस्तक भई, मुख्य पुस्तकको संवाद तथा नयाँ शब्दको अनुवाद, अध्ययन बिषयको वयान, सम्बन्धित शब्द वा संस्कृति जानकारी इत्यादि राखिएको छ । मुख्य पुस्तकसंग मिलाएर प्रयोग गर्नुहोस् ।

यस पुस्तकको संरचना

1. यस पुस्तक प्रयोगकर्ताहरुको लागि
2. बिषय सूची
3. परिचयात्मक टिप्पणी
4. जापानी भाषाको विशेषता
5. पात्रहरु
6. प्रत्येक पाठ

प्रत्येक पाठको संरचना

संवादः संवादको अनुवाद

शब्दावलीः नयाँ शब्दको शब्दभेद अनुसार छुट्याई संज्ञा, क्रिया, बिशेषण, व्यक्तिवाचक संज्ञा, अन्य क्रमानुसार राखिएको छ । त्यस पछाडी चित्रमा भएको शब्द वा तालिका इत्यादिको शिर्षकको शब्द राखिएको छ । ✳ चिन्हले त्यस पाठकमा अध्ययन गर्ने शब्द र सम्बन्धित शब्द वा प्रस्तुति हो ।

वाक्यको संरचना व्याख्याः

प्रत्येक पाठको अध्ययन बिषयको वयान हो । अग्रिम तयारी वा समिक्षा गर्नेबेला, नयाँ अध्ययन गर्ने बिषयको बुझ्नको लागि सहयोगको रुपमा बनिएको छ ।

भाषा तथा संस्कृति सम्बन्धि जानकारीः

त्यस पाठसंग सम्बन्धित शब्द वा संस्कृति सम्बन्धि जानकारी हो । ज्ञान बढाउने अझ धेरै बुझ्नको लागि काम लाग्दछ ।

बिषय सूची

यस पुस्तक प्रयोगकर्ताहरुका लागि ······ 3

परिचयात्मक टिप्पणी ······ 8

जापानी भाषाको विशेषता ······ 9

पात्रहरु ······ 10

はじめましょう ······ 13

1 म लिन टाई हो । ······ 16

वाक्यको संरचना व्याख्या

संज्ञा वाक्य 1: भुत नभएको · सकारात्मक, नकारात्मक

N1 は N2 です, N じゃ ありません, S か

भाषा तथा संस्कृति सम्बन्धि जानकारी: पेशा, सोख(रुचि)

2 त्यो के को सि डी हो ? ······ 23

वाक्यको संरचना व्याख्या

निश्चयवाचक शब्द 1: これ, それ, あれ

これ／それ／あれ, この N／その N／あの N

भाषा तथा संस्कृति सम्बन्धि जानकारी: मेनु

3 यो ठाउँ युरि विश्वविद्यालय हो । ······ 29

वाक्यको संरचना व्याख्या

निश्चयवाचक शब्द 2: ここ, そこ, あそこ

ここ／そこ／あそこ, N1 は N2(स्थान) です

भाषा तथा संस्कृति सम्बन्धि जानकारी: क्याम्पसको नक्सा

4 भोलि के गर्नु हुन्छ ? ······ 35

वाक्यको संरचना व्याख्या

क्रिया वाक्य 1: भुत नभएको · सकारात्मक, नकारात्मक

N を V ます, V ません, N(स्थान) で V ます

भाषा तथा संस्कृति सम्बन्धि जानकारी: खाना

5 सिड्नीमा अहिले कति बज्यो ? ······ 41

वाक्यको संरचना व्याख्या

क्रिया वाक्य 2: भुत · नकारात्मक, सकारात्मक

समयसंग सम्बन्धित प्रस्तुति

V ました, V ませんでした, —時(じ) —分(ふん/ぷん), N(समय) に V ます

भाषा तथा संस्कृति सम्बन्धि जानकारी: मार्शल आर्ट

4

6 क्योटो जान्छु । ·· 48
वाक्यको संरचना व्याख्या

क्रिया वाक्य 3: 行きます, 来ます, 帰ります

N(स्थान) へ 行きます／来ます／帰ります,

N(मा) に 行きます／来ます／帰ります,

N(सवारी साधन) で 行きます／来ます／帰ります

भाषा तथा संस्कृति सम्बन्धि जानकारीः जापानको राष्ट्रिय बिदा

まとめ 1 ··· 56

7 राम्रो फोटो है । ·· 57
वाक्यको संरचना व्याख्या

विशेषण वाक्य 1ः भुत नभएको · सकारात्मक, नकारात्मक

N は い A／な A です, N は い A くないです／な A じゃ ありません

भाषा तथा संस्कृति सम्बन्धि जानकारीः विश्व सम्पदा स्थल

8 फूजि हिमाल कहाँ पर्छ ? ······································ 64
वाक्यको संरचना व्याख्या

अस्तित्वमा रहेको वाक्य

N1(स्थान) に N2 が あります／います,

N1 は N2(स्थान) に います／あります

भाषा तथा संस्कृति सम्बन्धि जानकारीः प्रकृति

9 कस्तो खेलकुद मनपर्छ ? ·· 70
वाक्यको संरचना व्याख्या

लक्षित गरिएकोलाई 「が」 ले जनाउने वाक्य

N が 好きです／嫌いです／上手です／下手です,

N が 分かります, S1 から、 S2

भाषा तथा संस्कृति सम्बन्धि जानकारीः खेलकुद, चलचित्र, संगित

10 मैले वातानाबे जीबाट चिया बनाउन सिकें । ··········· 77
वाक्यको संरचना व्याख्या

क्रिया वाक्य 4ः कार्य गर्दा पाउने व्यक्ति वा दिने व्यक्तिको विभक्तिमा 「に」 ले जनाउने क्रिया

N1(व्यक्ति) に N2(बस्तु) を V

भाषा तथा संस्कृति सम्बन्धि जानकारीः बधाई, नयाँ बर्षको उपहारको रुपमा दिने रकम, बिरामीलाई
भेट्न जानु

11 टोकियो र सिओलमा कुन ठाउँ जाडो छ ? ··············· 83
वाक्यको संरचना व्याख्या

तुलना

N1 は N2 が A, N1 は N2 より A,

N1 と N2 と どちらが A か, N1 で N2 が いちばん A

भाषा तथा संस्कृति सम्बन्धि जानकारीः ब्रम्हाण्ड

12 **भ्रमण कस्तो भयो ?** ⋯⋯⋯⋯⋯⋯⋯⋯⋯⋯⋯⋯⋯⋯⋯⋯⋯⋯⋯⋯⋯⋯⋯⋯⋯ 89

वाक्यको संरचना व्याख्या

विशेषण वाक्य, संज्ञा वाक्य 2: भुत · सकारात्मक, नकारात्मक

い A かったです／な A でした／N でした,
い A くなかったです／な A じゃ ありませんでした／N じゃ ありませんでした

भाषा तथा संस्कृति सम्बन्धि जानकारीः बार्षिक कार्यक्रम

まとめ 2 ⋯⋯⋯⋯⋯⋯⋯⋯⋯⋯⋯⋯⋯⋯⋯⋯⋯⋯⋯⋯⋯⋯⋯⋯⋯⋯⋯⋯⋯⋯⋯⋯⋯⋯⋯ 95

13 **केहि खान मन लाग्यो है ।** ⋯⋯⋯⋯⋯⋯⋯⋯⋯⋯⋯⋯⋯⋯⋯⋯⋯⋯⋯⋯⋯⋯⋯ 96

वाक्यको संरचना व्याख्या

ます स्वरुप

N が 欲しいです, N を V たいです,
N1(स्थान) へ V ます／N2 に 行きます／来ます／帰ります

भाषा तथा संस्कृति सम्बन्धि जानकारीः शिक्षा

14 **मेरो रुची संगित सुन्नु हो ।** ⋯⋯⋯⋯⋯⋯⋯⋯⋯⋯⋯⋯⋯⋯⋯⋯⋯⋯⋯⋯⋯ 103

वाक्यको संरचना व्याख्या

क्रिया समुह

शब्दकोश स्वरुप

साधारण शैली संवाद 1

わたしの 趣味は V dic. こと／N です, V dic. こと／N が できます,
V1 dic.／N の まえに, V2

भाषा तथा संस्कृति सम्बन्धि जानकारीः कम्बिनि पसल(सुविधायुक्त पसल)

15 **अहिले अरु व्यक्तिले प्रयोग गरिरहेको छ ।** ⋯⋯⋯⋯⋯⋯⋯⋯⋯⋯⋯ 110

वाक्यको संरचना व्याख्या

て स्वरुप 1

साधारण शैली संवाद 2

V て ください, V て います

भाषा तथा संस्कृति सम्बन्धि जानकारीः भास्सा कोठा

16 **एकचोटि छोएर हेरे पनि हुन्छ ?** ⋯⋯⋯⋯⋯⋯⋯⋯⋯⋯⋯⋯⋯⋯⋯⋯⋯ 117

वाक्यको संरचना व्याख्या

て स्वरुप 2

V ても いいです, V ては いけません, V1 て、(V2 て、) V3

भाषा तथा संस्कृति सम्बन्धि जानकारीः स्टेशन

17 **सकि नसकि नगर्नुस् है ।** ⋯⋯⋯⋯⋯⋯⋯⋯⋯⋯⋯⋯⋯⋯⋯⋯⋯⋯⋯⋯⋯ 123

वाक्यको संरचना व्याख्या

ない स्वरुप

て स्वरुप 3

साधारण शैली संवाद 3

　V ないで ください, V なくても いいです, V1 てから、V2

भाषा तथा संस्कृति सम्बन्धि जानकारीः कम्प्युटर र ई-मेल

18　सुमोउ हेरेको छैन । ································· 129
वाक्यको संरचना व्याख्या

た स्वरुप

साधारण शैली संवाद 4

　V た ことが あります, V1 たり、V2 たり します, V1 た／N の あとで、V2

भाषा तथा संस्कृति सम्बन्धि जानकारीः जापानको अञ्चल

まとめ 3 ································· 135

19　स्टेशन उज्यालो भएर सफा छ जस्तो लाग्छ । ································· 136
वाक्यको संरचना व्याख्या

साधारण स्वरुप

साधारण शैली संवाद 5

　साधारण स्वरुपと 思_{おも}います, साधारण स्वरुपと 言_いいます

भाषा तथा संस्कृति सम्बन्धि जानकारीः शरीर, बिरामी, घाउ

20　यो प्रेमिका बाट पाएको टि सर्ट हो । ································· 143
वाक्यको संरचना व्याख्या

संज्ञा रुप परिवर्तन

　संज्ञा रुप परिवर्तन वाक्य

भाषा तथा संस्कृति सम्बन्धि जानकारीः रंग, बुट्टा, सामग्री

21　पानी पर्यो भने भ्रमण रद्द हुन्छ । ································· 149
वाक्यको संरचना व्याख्या

अवस्था वाक्य

　S1 たら、S2,　V たら、S,　S1 ても、S2

भाषा तथा संस्कृति सम्बन्धि जानकारीः जापानको युग

22　खाना बनाईदिनु भयो । ································· 155
वाक्यको संरचना व्याख्या

क्रिया वाक्य 5ः आदान प्रदान क्रिया

　N1 (व्यक्ति) に N2 (बस्तु) を くれる,

　V て くれる, V て もらう, V て あげる

भाषा तथा संस्कृति सम्बन्धि जानकारीः नयाँ बर्षको कार्ड

まとめ 4 ································· 161

巻末_{かんまつ} ································· 162

परिचयात्मक टिप्पणी

〔उदाहरण〕

N संज्ञा

N (स्थान)	स्थान संग सम्बन्धित संज्ञा	〔ここ〕〔こうえん〕
N (व्यक्ति)	व्यक्ति संग सम्बन्धित संज्ञा	〔せんせい〕〔おとこの ひと〕
N (अवस्थित)	अवस्थित संग सम्बन्धित संज्ञा	〔まえ〕〔うえ〕
N で	संज्ञा वाक्यको て स्वरुप	〔やすみで〕

V क्रिया

V ます	ます स्वरुप	〔よみます〕
V ~~ます~~	ます मुल स्वरुप	〔よみ〕
V ましょう	V ~~ます~~＋ましょう	〔よみましょう〕
V たい	V ~~ます~~＋たい	〔よみたい〕
V て	क्रिया て स्वरुप	〔よんで〕
V た	क्रिया た स्वरुप	〔よんだ〕
V ない	क्रियाको ない स्वरुप	〔よまない〕
V ないで	ない स्वरुपको て स्वरुप	〔よまないで〕
V なくても いいです	ない मुल स्वरुप ＋ なくても いいです	〔よまなくても いいです〕
V dic.	क्रियाको शब्दकोश स्वरुप	〔よむ〕

A विशेषण

い A	い विशेषण	〔おおきい〕
な	な विशेषण	〔べんり [な]〕
い A くて	い विशेषणको て स्वरुप	〔おおきくて〕
な A で	な विशेषणको て स्वरुप	〔べんりで〕

S वाक्य, उपवाक्य (कर्ता र विधेयसंग)

〔わたしは がくせいです。〕
〔いい てんきです〕が、
〔さむいです。〕

* कार्यकलापलाई जनाउन चार्ट भित्रको अपवाद 〔＊いいです〕

＊ त्यस पाठमा अध्ययन गर्ने शब्द र सम्बन्ध भएको शब्द वा प्रस्तुती हो । 〔あさごはん＊〕

जापानी भाषाको विशेषता

1. जापानी भाषामा पुलिङ्ग वा स्त्रिलिङ्ग स्वरुप हुँदैन । त्यसमाथि, संज्ञालाई गणना गर्न सकिने नसकिने छुट्याउने वा एकवचन र बहुवचन छुट्याउने पनि छैन ।

2. क्रिया, विशेषण शब्दको रुप परिवर्तन हुन्छ ।

3. जापानी भाषाको वाक्यमा "बिभक्ति" भनि शब्दको पछाडी शब्द र शब्दको सम्बन्ध जनाई, वक्ताले मनको कुरा जनाउने गर्दछ ।
   उदाहरणः वा(बिषय), दे(कार्य भएको स्थान), वो(कार्यसंग लक्षित) इत्यादि ।

   わたし は　うち で　えいが を　みます。
   　(म)　　(घर)　　(चलचित्र)　　(हेर्छु)
   मैले घरमा चलचित्र हेर्छु ।

4. विधेय वाक्यको अन्तिममा आउँछ । काल वा वक्ताको मनको कुरा साधारणतया वाक्यको अन्तिममा जनाईन्छ । त्यसमाथि बिनम्रताको फरक पनि वाक्यको अन्तिममा परिवर्तन भएको जनाईन्छ ।

5. शब्दको क्रमलाई नियममा बाँधिएको छैन ।

6. रुप परिवर्तन शब्द, जहिले पनि परिवर्तन गराउने शब्द वा वाक्यांशको अगाडी आउँछ ।
   उदाहरणः わたしは　うちで　おもしろい　えいが を　みます。
   　　　　　　　　(रमाइलो)　(चलचित्र)
   मैले घरमा रमाईलो चलचित्र हेर्छु ।

7. सन्दर्भित वाक्य शब्दको बारेमा राम्रो जानकारी छ भने, त्यो शब्द छुट्याईएको ।

8. लेख्ने तरिका
   जापानी भाषामा ① हिरागाना ② काताकाना ③ खान्जी ④ अंग्रेजी अक्षरबाट लेखेर जनाईन्छ ।

   木村　さん は　コンビニ で　CD を　買 いました。
   　③　　①　　　②　　　①　④　①　③　　　①
   किमुराजीले कम्बिनीबाट सि.डी. किन्नु भयो ।

पात्रहरु

विद्यार्थी

किम हेज्योन
(दक्षिण कोरिया)

पोन च्याच्याई
(थाईल्याण्ड)

टम जोर्डन
(क्यानाडा)

मारि स्मिथ
(अस्ट्रेलिया)

लिन टाई
(चिन)

शिक्षक   कार्यालय कर्मचारी

सुजुकी क्योउको
(जापान)

तानाखा मासाओ
(जापान)

म्यानेजर

ईवासाकि इचिरोउ
(जापान)

सुबारु छात्राबास

किमुरा हारुए
(जापान)

किमुरा हिरोसी
(जापान)

वातानावे आकि
(जापान)

ले टि आन
(भियतनाम, ईन्जिनियर)

आलान माले
(फ्रान्स, बैंक कर्मचारी)

होसे कार्लोस
(पेरु, कर्मचारी)

11

はじめましょう

शब्दावली

1.

おはよう　ございます。		शुभ प्रभात ।
こんにちは。		शुभ दिवा ।
こんばんは。		शुभ संन्ध्या ।
さようなら。		फेरि भेटौंला ।
ありがとう　ございます。		धन्यवाद ।
すみません。		माफ गर्नुहोला । क्षमा गर्नुहोला ।
いただきます。		खाऔं है ।(खानपिन अघि प्रयोग गर्ने निश्चित वाक्यांश)
ごちそうさまでした。		धेरै मिठो भयो ।(खानपिन सकेपछि प्रयोग गर्ने निश्चित वाक्यांश)
しつれいします。	失礼します。	माफ गर्नुहोस् ।(कोठामा छिर्न अघि निस्कन अघि प्रयोग गर्ने निश्चित वाक्यांश)

2–1.

ゼロ／れい	ゼロ／零	शुन्ना
いち	一	एक
に	二	दुई
さん	三	तिन
よん／し	四	चार
ご	五	पाँच
ろく	六	छ
なな／しち	七	सात
はち	八	आठ
きゅう／く	九	नौ
じゅう	十	दश

2-2.

けいさつ	警察	प्रहरी
しょうぼうしょ	消防署	दमकल
がっこう	学校	विद्यालय
しやくしょ	市役所	नगरपालिका
かいしゃ	会社	कार्यालय

2-3.

じゅういち	十一	एघार
じゅうに	十二	बाह्र
じゅうさん	十三	तेह्र
じゅうよん／ じゅうし	十四	चौध
じゅうご	十五	पन्ध्र
じゅうろく	十六	सोह्र
じゅうなな／ じゅうしち	十七	सत्र
じゅうはち	十八	अठार
じゅうきゅう／ じゅうく	十九	उन्नाइस
にじゅう	二十	बिस
さんじゅう	三十	तिस
よんじゅう	四十	चालिस
ごじゅう	五十	पचास
ろくじゅう	六十	साठि
ななじゅう／ しちじゅう	七十	सत्तरी
はちじゅう	八十	अस्सी
きゅうじゅう	九十	नब्बे
ひゃく	百	सय

3-1.

―じ	―時	― बजे

3–2.

—じはん	—時半	साढे — बजे
ごぜん	午前	बिहान
ごご	午後	दिउंसो

3–3.

いま　なんじですか。	今　何時ですか。	अहिले कति बज्यो ?
〜です。		～ हो ।

4.

はじめましょう。	始めましょう。	शुरु गरौं ।
おわりましょう。	終わりましょう。	सकाऔं ।
やすみましょう。	休みましょう。	आराम गरौं ।
わかりますか。	分かりますか。	थाहा छ ?
はい、わかります。	はい、分かります。	हजुर, थाहा छ ।
いいえ、わかりません。	いいえ、分かりません。	अहँ, थाहा छैन ।
みて　ください。	見て　ください。	हेर्नुहोस् ।
きいて　ください。	聞いて　ください。	सुन्नुहोस् ।
かいて　ください。	書いて　ください。	लेख्नुहोस् ।
もう　いちど　いって　ください。	もう　一度　言って　ください。	फेरि एक चोटि भन्नुहोस् ।

なまえ	名前	नाम
しけん	試験	परिक्षा
しゅくだい	宿題	गृहकार्य
れい	例	उदाहरण
しつもん	質問	प्रश्न
こたえ	答え	उत्तर
—ばん	—番	— अंक
—ページ		— पाना

5.

にほんごで　なんですか。	日本語で　何ですか。	जापानी भाषामा के भन्छ ?
けいたいでんわ	携帯電話	मोबाइल फोन

1 म लिन टाई हो ।

संवाद

लिन टाईः नमस्ते । म लिन टाई हो । भेटेर खुशी लाग्यो ।
मारि स्मिथः म मारि स्मिथ हो । मलाई पनि भेटेर खुशी लाग्यो । लिन जी, कुन देशबाट हो ?
लिन टाईः चिनबाट हो । मारि जी चाहिँ ?
मारि स्मिथः अस्ट्रेलियाबाट हो ।
लिन टाईः ए हो।

शब्दावली

わたし		म
がくせい	学生	विद्यार्थी
～じん	～人	～नागरिक(कुनै देशको व्यक्ति जनाउन प्रयोग गरिने प्रत्यय)
エンジニア		इन्जिनियर
～いん	～員	～सदस्य
ぎんこういん	銀行員	बैंक कर्मचारी
かいしゃいん	会社員	कार्यालय कर्मचारी
せんせい	先生	गुरु वा गुरुआमा, शिक्षक वा शिक्षिका
けんきゅういん	研究員	अनुसन्धानकर्ता
にほんごがっこう	日本語学校	जापानी भाषा विद्यालय
だいがく	大学	विश्वविद्यालय
りょう	寮	छात्रावास
かんりにん	管理人	हेरचाह गर्ने व्यक्ति
（お）なまえ	（お）名前	(अरु व्यक्तिको) नाम
（お）くに	（お）国	(अरु व्यक्तिको) देश
しゅみ	趣味	रुचि
すいえい	水泳	पौडि
がっこう	学校	विद्यालय
ともだち	友達	साथी
はい		हो
いいえ		होइन
～さん		～जी(व्यक्तिको पछाडी जोड्ने प्रत्यय)
そうです。		हो ।
はじめまして。	初めまして。	नमस्ते ।(पहिलो चोटि तपाईंलाई भेंटे भन्ने अर्थ)
どうぞ　よろしく おねがいします。（どうぞ　よろしく。）	どうぞ　よろしく お願いします。	भेटेर खुशी लाग्यो ।

こちらこそ　どうぞ　よろしく　おねがいします。（こちらこそ　どうぞ　よろしく。）	こちらこそ　どうぞ　よろしく　お願いします。	मलाई पनि भेटेर खुशी लाग्यो ।
すみません。		माफ गर्नुहोस् । कृपया ।
おなまえは？	お名前は？	तपाईंको नाम ? शुभ नाम ?
おくには　どちらですか。	お国は　どちらですか。	तपाईं कुन देशबाट आउनु भएको ?
～から　きました。	～から　来ました。	～बाट आएको ।
～は？		कुन ～ ?
そうですか。		हो र ।
れい	例	उदाहरण

ちゅうごく	中国	चिन
ペルー		पेरु
オーストラリア		अस्ट्रेलिया
フランス		फ्रान्स
ベトナム		भियतनाम
タイ		थाइल्याण्ड
にほん	日本	जापान
アメリカ		अमेरिका
かんこく	韓国	दक्षिण कोरिया
リン・タイ		लिन टाई
アラン・マレ		आलान माले
レ・ティ・アン		ले टि आन
マリー・スミス		मारि स्मिथ
ホセ・カルロス		होसे कार्लोस
ポン・チャチャイ		पोन च्याच्याई
エミ		एमि
キム・ヘジョン		किम हेज्योन
イ・ミジャ		ई मिज्या
すずき　きょうこ	鈴木　京子	सुजुकि क्योउको

さとう さゆり	佐藤 さゆり	सातोउ सायुरी
のぐち おさむ	野口 修	नोगुची ओसामु
ナルコ・ハルトノ		नारुको हारुतोनो
いわさき いちろう	岩崎 一郎	इवासाकि इचिरोउ
きむら はるえ	木村 春江	किमुरा हारुए
きむら ひろし	木村 洋	किमुरा हिरोसी
スバルにほんごがっこう	スバル日本語学校	सुबारु जापानी भाषा विद्यालय
みどりだいがく	みどり大学	मिडोरी विश्वविद्यालय
IT（アイティー） コンピューター		आइ टि कम्प्युटर
スバルりょう	スバル寮	सुबारु छात्रावास
つかいましょう	使いましょう	प्रयोग गरौं

वाक्यको संरचना व्याख्या

1

संज्ञा वाक्य 1: भुत नभएको · सकारात्मक, नकारात्मक

1. わたしは リン・タイです。 *म लिन टाई हो ।*

● N1 は N2 です

1）「は」ले वाक्यको बिषय जनाउने विभक्ति हो ।(यस वाक्यमा) N1 लाई बिषयको रुपमा लिइएको, N2 ले त्यसको बारेमा वयानलाई थप्ने वाक्य हुन्छ ।

यस विभक्ति「は」लाई「わ」भनेर पढिन्छ ।

2）「です」ले N2 को बारेमा निर्णय वा फैसला जनाईन्छ ।

2. ポンさんは がくせいですか。 *पोन जी विद्यार्थी हो ?*

● S か

1）「か」चाहिँ वाक्यको अन्तिममा जोडिएर प्रश्नवाचक वाक्य बनाउने विभक्ति हो । प्रश्नवाचक वाक्य पनि सामान्यार्थक वाक्यको पदक्रममा परिवर्तन हुँदैन । वाक्यको अन्तिममा「か」लाई उच्च स्वरमा उच्चारण गरिन्छ ।

2）प्रश्नवाचक वाक्यको बिषय ठिक छ भनि निर्णय गर्ने बेला वा सहमति गर्ने बेला「はい」, बेठिक छ भनि निर्णय गर्दा「いいえ」,भनि उत्तर दिईन्छ । ⇒ **3**-2)

A：アンさんは がくせいですか。 *आन जी विद्यार्थी हो ?*

B：はい、がくせいです。 *हो, विद्यार्थी हो ।*

वाक्यको बिषय स्पष्ट भएको बेला「बिषय ＋は」लाई छोट्याईन्छ ।

3）「はい、そうです」ले संज्ञा वाक्यको पश्नवाचकमा सकारात्मक उत्तर दिंदा प्रयोग गरिन्छ । अर्थ "हो, त्यहि हो ।" हुन्छ ।

A：アンさんは がくせいですか。 *आन जी विद्यार्थी हो ?*

B：はい、そうです。 *हो, त्यहि हो ।*

3. アンさんは がくせいじゃ ありません。 *आन जी विद्यार्थी होइन ।*

● N じゃ ありません

1）「じゃありません」चाहिँ「です」को नकारात्मक स्वरुप हो ।

2）「じゃありません」प्रश्नवाचक वाक्यको बिषय ठिक छैन भनि निर्णय गर्ने बेला वा सहमति नगर्ने बेला「いいえ」लाई संगसंगै प्रयोग गरिन्छ ।

A：アンさんは がくせいですか。 *आन जी विद्यार्थी हो ?*

B：いいえ、がくせいじゃ ありません。 *होइन, विद्यार्थी होइन ।*

4. キムさんも　がくせいです。　*किम जी पनि विद्यार्थी हो ।*

● N1 も N2 です

विभक्ति「も」को अर्थ "पनि" हो ।「は」लाई परिवर्तन गरी प्रयोग गरिन्छ ।

リンさんは　がくせいです。　*लिन जी विद्यार्थी हो ।*

キムさんも　がくせいです。　*किम जी पनि विद्यार्थी हो ।*

5. リンさんは　にほんごがっこうの　がくせいです。

लिन जी जापानी भाषा विद्यालयको विद्यार्थी हो ।

● N1 の N2

「の」दुइवटा संज्ञा जोडिने विभक्ति हो । N1 ले जहिले पनि N2 लाई रुप परिवर्तन गर्छ । यस वाक्यको N1चाहिँ N2 को सम्बन्ध गर्ने व्यवस्था हो ।

「〜さん」चाहिँ श्रोता वा तेस्रो ब्यक्तिको थर वा नामसंग जोडेर वक्तालाई आदर जनाउँदछ । आफ्नो नाममा जोडिंदैन ।

(お)くに、(お)なまえ इत्यादिमा「お」ले आदर गरिन्छ । आफ्नो नाम वा देशमा जोडिंदैन ।

भाषा तथा संस्कृति सम्बन्धि जानकारी

1

職業(しょくぎょう)・趣味(しゅみ) पेशा, सोख(रुचि)

1. 職業(しょくぎょう) पेशा

会社員(かいしゃいん)
कम्पनी कर्मचारी

公務員(こうむいん)
सरकारी कर्मचारी

研究員(けんきゅういん)
अनुसन्धान कर्ता

教師(きょうし)
शिक्षक

学生(がくせい)
विद्यार्थी

主婦(しゅふ)
गृहिणी

医師(いし)
चिकित्सक

弁護士(べんごし)
वकिल

看護師(かんごし)
नर्स

警察官(けいさつかん)
प्रहरी

農家(のうか)
किसान

エンジニア
इन्जिनियर

2. 趣味(しゅみ) सोख(रुचि)

バドミントン ब्याडमिन्टन　テニス टेनिस　水泳(すいえい) पौडी
山登(やまのぼ)り पहाड/हिमाल चढ्न्　読書(どくしょ) पढ्नु　旅行(りょこう) घुम्न जानु
映画(えいが) चलचित्र　音楽(おんがく) संगित　買(か)い物(もの) किनमेल गर्नु
写真(しゃしん) फोटो खिच्नु　料理(りょうり) खाना बनाउनु　アニメ आनिमे कार्टुन

2 त्यो के को सि डी हो ?

संवाद

लिन टाईः मारि जी, त्यो के को सि डी हो ?
मारि स्मिथः जापानी भाषाको सि डी हो ।
लिन टाईः मारि जीको सि डी हो ?
मारि स्मिथः होइन, मेरो होइन ।
लिन टाईः कसको सि डी हो ?
मारि स्मिथः किम जीको हो ।

शब्दावली

2

これ		यो(वक्ताको नजिकको बस्तु देखाउँदा जनाईन्छ)
それ		त्यो(श्रोताको नजिकको बस्तु देखाउँदा जनाईन्छ)
あれ		उ त्यो(वक्ताको र श्रोताको टाढाको बस्तु देखाउँदा जनाईन्छ)
この		यहाँ～वक्ताको नजिक
その		त्यहाँ～श्रोताको नजिक
あの		उ त्यहाँ～वक्ताको र श्रोताको बाट टाढा
ノート		नोट बुक
ほん	本	किताब, पुस्तक
ざっし	雑誌	पत्रिका
パソコン		कम्प्युटर
かさ	傘	छाता
かばん		झोला, ब्याग
テレビ		टेलिभिजन
ボールペン		डटपेन्
さいふ	財布	पर्स, पैसा राख्ने थैला
しんぶん	新聞	अखबार, समाचार पत्र
さとう	砂糖	चिनी
しお	塩	नुन
しょうゆ		सोयासस्
ソース		सस्
うどん		मोटो थुक्पा जस्तो जापानी चाउचाउ
そば		फापरको चाउचाउ
みず	水	पानी
ジュース		जुस्
こうちゃ	紅茶	कालो चिया
コーヒー		कफि
カタログ		सुचीपत्र

コンピューター		कम्प्युटर
カメラ		क्यामेरा
けいたいでんわ	携帯電話	मोबाइल फोन
くるま	車	गाडी
～せい	～製	～देशमा बनाईएको
ひと	人	व्यक्ति
シャープペンシル		～लिड पेन्सिल
とりにく	とり肉	कुखुराको मासु
ぶたにく	豚肉	बंगुरको मासु
ぎゅうどん	牛どん	कचौराको भातमाथी पकाईएको गाईको मासु
ぎゅうにく	牛肉	गाईको मासु
にく	肉	मासु
おやこどん	親子どん	कचौराको भातमा तारेको कुखुराको मासु रअण्डा
すきやき	すき焼き	सुकियाकि(गाईको मासुको खाना)
ラーメン		चाउचाउ
やきにくていしょく	焼肉定食	पोलेको मासुको सेट खाना
C D (シーディー)		सि डी
～ご	～語	～भाषा
なん	何	के
だれ		को

ドイツ		जर्मनी
イタリア		इटाली
イギリス		संयुक्त अधिराज्य ग्रेटब्रिटेन
わたなべ あき	渡辺 あき	वातानाबे आकि
トム・ジョーダン		टम जोर्डन

वाक्यको संरचना व्याख्या

निश्चयवाचक शब्द 1: これ, それ, あれ

2

1. これは ノートです。 *यो नोटबुक हो ।*

●これ／それ／あれ

1）「これ」「それ」「あれ」निश्चयवाचक शब्द हो ।
संज्ञा बिना, स्वतन्त्र रुपमा प्रयोग गरिन्छ ।
「これ」वक्ताको नजिक भएको बस्तु जनाईन्छ ।
「それ」श्रोताको नजिक भएको बस्तु जनाईन्छ ।
「あれ」वक्ता र श्रोता दुबैबाट टाढा भएको बस्तु जनाईन्छ ।

2. A：これは なんですか。 *यो के हो ?*
B：ボールペンです。 *यो बलपेन हो ।*

●なん

「なん」ले बस्तु हो कि के हो भनेर गरिने प्रश्नवाचक शब्द हो । अर्थ चाहिँ "के" हो । प्रश्नवाचक शब्दलाई प्रयोग गर्ने प्रश्नवाचक वाक्य पनि सामान्यार्थक वाक्यको पदक्रम एउटै हुन्छ ।

3. A：これは なんの カタログですか。 *यो के को क्याटालग हो ?*
B：コンピューターの カタログです。 *कम्प्युटरको क्याटालग हो ।*

●なんの N

N को सामग्री वा प्रकारको बारेमा सुन्ने बेलामा,「なんの N」को प्रयोग गरिन्छ ।

4. この くるまは にほんせいです。 *यो गाडि जापानी हो ।*

●この N／その N／あの N

「この」「その」「あの」अहिले पनि संज्ञाको पछाडि संगै प्रयोग हुन्छ ।
「この N」वक्ताको नजिकको बस्तु वा व्यक्तिलाई जनाईन्छ ।
「その N」श्रोताको नजिकको बस्तु वा व्यक्तिलाई जनाईन्छ ।
「あの N」ले वक्ता र श्रोता दुबैबाट टाढा रहेको बस्तु वा व्यक्तिलाई जनाईन्छ ।

5. | A：あの ひとは だれですか。
B：リンさんです。 | उ त्यो व्यक्ति को हो ?
लिन जी हो ।

●だれ

「だれ」ले व्यक्ति को हो भनेर सोधिने प्रश्नवाचक शब्द हो । अर्थ "को" हो ।

6. | それは わたしの ほんです。 | त्यो मेरो पुस्तक हो ।

● N1 の N2

1) यस वाक्यको विभक्ति「の」प्रयोगकर्ता जनाईन्छ ।「わたしの」को अर्थ "मेरो" हो ।「の」संग कायम रहेका संज्ञा के हो वाक्यको परिवेशबाट स्पष्ट भएका अवस्थामा तलका अवस्थाको प्रायजसो संज्ञालाई छोट्याइएको छ ।

それは わたしのです。 *त्यो मेरो हो ।*

2) बस्तुको मालिक को हो भनि सोध्ने बेला「だれの」को प्रयोग गरिन्छ । अर्थ कसको हो ।

それは だれの ほんですか。 *त्यो कसको पुस्तक हो ?*

それは だれのですか。 *त्यो कसको हो ?*

7. | A：これは さとうですか、しおですか。
B：さとうです。 | यो चिनी हो कि नुन हो ?
चिनी हो ।

● S1 か、S2 か

S1 वा S2 वा, कुन चाहिँ हो भनेर सोधिने प्रश्न हो । उत्तर चाहिँ「はい」「いいえ」प्रयोग नगरी, छानिएको मात्र उत्तर दिईन्छ ।

भाषा तथा संस्कृति सम्बन्धि जानकारी

メニュー मेनु

どんぶり कचौराको भात

牛(ぎゅう)どん
कचौराको भातमाथी
पकाईएको गाईको मासु

天(てん)どん
कचौराको भात माथी
तारेको माछा र तरकारी

おにぎり डल्लो पारेको भात(ओनिगिरी)

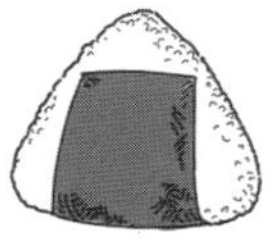

さけ सालमोन माछा
梅干(うめぼ)し अमिलो आरु (उमेबोसी)
ツナマヨ टुना मायोनेज

めん चाउचाउ

ラーメン
चाउचाउ, नुडल

うどん
थुक्पा, पिठोको मोटो जापानी चाउचाउ

そば
फापरबाट बनाईएको जापानी चाउचाउ

スパゲティ
स्पागेटी

定食(ていしょく) सेट मेनु

魚(さかな) माछा
漬物(つけもの) अचार
ご飯(はん) भात
みそ汁(しる) मिसो सुप

焼魚定食(やきざかなていしょく) पोलेको माछाको सेट मेनु

さしみ定食(ていしょく)
काँचो माछाको सेट मेनु
焼肉定食(やきにくていしょく)
पोलेको गाई/बंगुरको सेट मेनु
天(てん)ぷら定食(ていしょく)
तारेको साग र माछाको सेट मेनु

弁当(べんとう) खाना बक्स

野菜(やさい)の煮物(にもの) पकाईएको तरकारी
ご飯(はん) भात
唐揚(からあ)げ तारेको कुखुराको मासु
漬物(つけもの) अचार
サラダ सलाद

とりの唐揚(からあ)げ弁当(べんとう) तारेको कुखुराको मासुको खाजा बक्स

しょうが焼弁当(やきべんとう)
अदुवा र मासुको परिकारको खाजा बक्स
ハンバーグ弁当(べんとう)
हन्बर्ग खाजा बक्स

3 यो ठाउँ युरि विश्वविद्यालय हो ।

संवाद

पोन च्याच्याई: कृपया । यो ठाउँ मिडोरी विश्वविद्यालय हो ?
विद्यार्थी: होइन, युरी विश्वविद्यालय हो ।
पोन च्याच्याई: मिडोरी विश्वविद्यालय कहाँ हो ?
विद्यार्थी: उ त्यहाँ हो ।
पोन च्याच्याई: ए हो । धन्यवाद ।

शब्दावली

3

ここ		यता
そこ		उता
あそこ		उ त्यता
しょくどう	食堂	भोजनालय
うけつけ	受付	रिसेप्सनिष्ट
〜しつ	〜室	〜कोठा
じむしつ	事務室	कार्यालय
かいぎしつ	会議室	बैठक कोठा
コンピューターしつ	コンピューター室	कम्प्युटर कोठा
トイレ		शौचालय
としょしつ	図書室	पुस्तकालय
きょうしつ	教室	कक्षा कोठा
ロビー		लबी
コピーき	コピー機	फोटोकपी मेसिन
ゆうびんきょく	郵便局	हुलाक नम्बर
びょういん	病院	अस्पताल
たいしかん	大使館	राजदुतावास
ぎんこう	銀行	बैंक
コンビニ		कम्बिनी
デパート		डेपार्टमेन्ट पसल
えき	駅	स्टेसन
じしょ	辞書	शब्दकोश
ちず	地図	नक्शा
れいぞうこ	冷蔵庫	रेफ्रिजेरेटर
エアコン		एअर कन्डिसन
とけい	時計	घडि
でんしレンジ	電子レンジ	माईक्रोवेभ
せんたくき	洗濯機	वासिगं मेसिन
そうじき	掃除機	भ्याकुम मेसिन
ポット		थर्मस
おちゃ	お茶	चिया
ワイン		वाइन
ビール		बियर
チョコレート		चकलेट

くつ	靴	जुत्ता
ゼロ／れい	ゼロ／零	शुन्ना
いち	一	एक
に	二	दुई
さん	三	तिन
よん／し	四	चार
ご	五	पाँच
ろく	六	छ
なな／しち	七	सात
はち	八	आठ
きゅう／く	九	नौ
じゅう	十	दश
ひゃく（びゃく／ぴゃく）	百	सय
せん（ぜん）	千	हजार
まん	万	दश हजार
―かい／がい	―階	― तल्ला
なん～	何～	के～
なんがい	何階	कति तल्ला
―えん	―円	― येन
どこ		कहाँ
いくら		कति
じゃ		त्यसो भए
ちがいます。	違います。	फरक छ ।
どうも。		धन्यवाद ।(अनौपचारिक रुपमा भन्ने तरिक)
～を ください。		～दिनुहोस् ।
おいしいですね。		मिठो छ है ।

サントリー		सन्टोरी
ロッテ		लोट्टे
ナイキ		नाइकी
アップル		एप्पल
キヤノン		क्यानोन्
ゆりだいがく	ゆり大学	युरि विश्वविद्यालय

वाक्यको संरचना व्याख्या

निश्चयवाचक शब्द 2: ここ, そこ, あそこ

1. ここは しょくどうです。 *यहाँ चमेनागृह हो ।*

3

●ここ／そこ／あそこ

「ここ」「そこ」「あそこ」लाई स्थान जनाउने निश्चयवाचक शब्द हो ।

「ここ」वक्ता रहेको स्थान जनाईन्छ ।

「そこ」श्रोता रहेको स्थान जनाईन्छ ।

「あそこ」वक्ता, श्रोता दुबै बाट टाढा रहेको स्थान जनाईन्छ ।

वक्ता र श्रोता एउटै स्थानमा रहेको अवस्थामा त्यस स्थानलाई「ここ」ले जनाईन्छ ।

2. コピーきは あそこです。 *कपि मेशिन उ त्यहाँ छ ।*

● N1 は N2(स्थान) です

1）व्यक्ति वा बस्तुको अस्तित्वको स्थान जनाईन्छ ।

コピーきは あそこです。 *कपि मेशिन उ त्यहाँ छ ।*

トイレは そこです。 *शौचालय त्यहाँ छ ।*

マリーさんは しょくどうです。 *मारि जी चमेनागृहमा छ ।*

2）「どこ」ले व्यक्ति वा बस्तु कहाँ छ भनि सोधिने प्रश्नवाचक शब्द हो । अर्थ "कहाँ" हो ।

A：コピーきは どこですか。 *कपि मेशिन कहाँ छ ?*

B：あそこです。 *उ त्यहाँ छ ।*

3. この パソコンは 89,000 えんです。 *यो कम्प्युटर 89,000 येन हो ।*

●―えんです

1）「―えん」लाई जापानी मुद्रा एकाईको संख्यावाचक विभक्ति हो ।

2）「いくら」बस्तुको मुल्य सोध्ने प्रश्न शब्द हो । अर्थ "कति" हो ।

A：この パソコンは いくらですか。 *यो कम्प्युटरको मुल्य कति हो ?*

B：89,000えんです。 *89,000 येन हो ।*

4.

A：それは どこの くるまですか。
B：アメリカの くるまです。

त्यो कहाँको गाडी हो ?
अमेरिकाको गाडी हो ।

●どこの N

1） यस वाक्यको विभक्ति「の」ले बनाइएको स्थान(देश वा कम्पनी) जनाईन्छ ।
2） बनाईएको देश वा बनाईएको कम्पनी सोध्नको लागि「どこの N」को प्रयोग गरिन्छ । अर्थ "कहाँको संज्ञा" हो । विभक्ति「の」लाई「N1 の N2」को स्वरुपको पछाडी आउने संज्ञालाई परिवर्तन गरी, प्रयोगकर्ता, सामग्री, प्रकार इत्यादि जनाउन प्रयोग गरिन्छ ।

3

こ／そ／あ

	こ	そ	あ
बस्तु	これ	それ	あれ
बस्तु/व्यक्ति	この N	その N	あの N
स्थान	ここ	そこ	あそこ

1）「1 かい(पहिलो तल्ला)」「8900 えん(आठ हजार नौ सय येन)」इत्यादिको「—かい」「—えん」चाहिँ संख्यावाचक विभक्ति हो ।
2） वस्तुको संख्या वा मात्रा गन्ने बेला अंकको पछाडि संख्यावाचक विभक्ति जोडिन्छ । संख्यावाचक विभक्ति गन्ने बेला बस्तु अनुसार फरक हुन्छ ।

भाषा तथा संस्कृति सम्बन्धि जानकारी

キャンパスマップ क्याम्पसको नक्सा

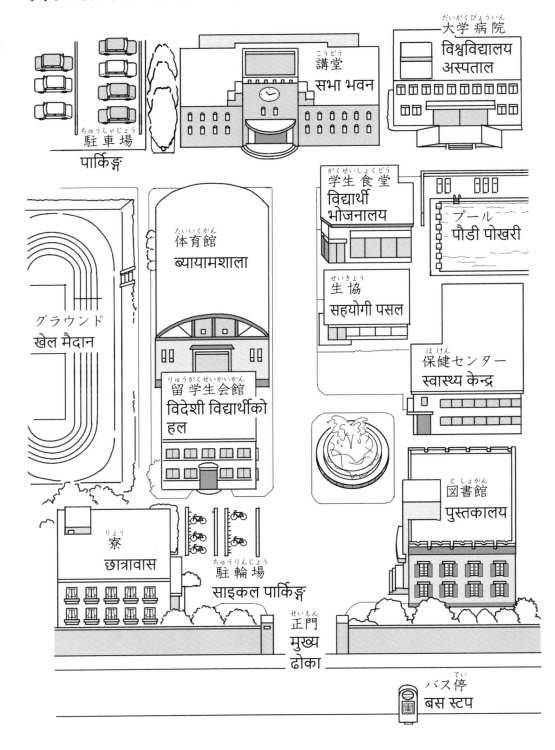

4 भोलि के गर्नु हुन्छ ?

संवाद

किमः टम जी, भोली के गर्नु हुन्छ ?

जोर्डनः टेनिस खेल्छु ।

किमः ए हो । कहाँ खेल्नुहुन्छ ?

जोर्डनः विद्यालयमा खेल्छु । किम जी के गर्नुहुन्छ ?

किमः म घरमा कोरीयाली चलचित्र हेर्छु ।

जोर्डनः ए हो ।

शब्दावली

パン		पाउरोटि
さかな	魚	माछा
くだもの	果物	फलफूल
やさい	野菜	साग सब्जी
カレー		तरकारी
ぎゅうにゅう	牛乳	दुध
(お)さけ	(お)酒	रक्सि
たまご	卵	अण्डा
えいが	映画	चलचित्र
おんがく	音楽	संगित
クラシック		शास्त्रिय
ジャズ＊		ज्याज
ロック＊		रक
J(ジェー)-ポップ＊		जे-पप्
テニス		टेनिस
しゅくだい	宿題	गृहकार्य
ジョギング		जगिंग
サッカー		फुटबल
ゲーム		गेम
てがみ	手紙	चिठ्ठि
おかね	お金	पैसा
きって	切手	हुलाक टिकट
としょかん	図書館	पुस्तकालय
こうえん	公園	पार्क
うち		घर
レストラン		रेष्टुरान्ट
スーパー		सुपरमार्केट
～や	～屋	～पसल
パンや	パン屋	पाउरोटि पसल
ひるごはん	昼ご飯	दिउंसोको खाना

4

あさごはん＊	朝ご飯	बिहानको खाना
ばんごはん＊	晩ご飯	रातिको खाना
ごはん＊	ご飯	खाना
(お)べんとう	(お)弁当	बेन्तो, खाजा
りょうり	料理	खाना
こんばん	今晩	आज राति
あした		भोलि
きょう＊	今日	आज
あさって＊		पर्सि
まいあさ	毎朝	प्रत्येक दिन
まいばん＊	毎晩	प्रत्येक राति
まいにち＊	毎日	प्रत्येक दिन
たべます　Ⅱ	食べます	खान्छु
のみます　Ⅰ	飲みます	पिउंछु
かいます　Ⅰ	買います	किन्छु
かきます　Ⅰ	書きます	लेख्छु
ききます　Ⅰ	聞きます	सुन्छु
みます　Ⅱ	見ます	हेर्छु
よみます　Ⅰ	読みます	पढ्छु
します　Ⅲ		गर्छु
おろします[おかねを～]　Ⅰ	下ろします[お金を～]	निकाल्छु[नगद～]
なに	何	के
いつも		जहिलेपनि
ときどき	時々	कहिलेकाहिँ
それから		त्यसपछि
しつもん	質問	प्रश्न

4

वाक्यको संरचना व्याख्या

क्रिया वाक्य 1: भुत नभएको · सकारात्मक, नकारात्मक

1. アンさんは パンを 食(た)べます。 *आन जी पाउरोटी खानुहुन्छ ।*

● Nを Vます

1) क्रिया वाक्यमा "कसले के गर्यो" भन्ने अर्थ हो ।「を」ले कार्यको सम्बन्ध जनाउने विभक्ति हो ।

「を」विभक्तिलाई「お」भनेर पढिन्छ ।「を」को अक्षर विभक्तिको बेला मात्र प्रयोग गरिन्छ ।

2)「V ます」लाई भुत नभएको सकारात्मक स्वरुपले, ब्यवहारिक कार्य, भविष्यको कार्य, वक्ताको इच्छा शक्ति जनाउँदछ ।

3)「なに」चाहिँ कार्यसँग लक्षित गरी प्रश्न गर्ने बेलाको शब्द हो । अर्थ "के" हो ।

A：アンさんは 何(なに)を 食(た)べますか。 *आन जी के खानुहुन्छ ?*

B：パンを 食(た)べます。 *पाउरोटी खान्छु ।*

2. わたしは コーヒーを 飲(の)みません。 *म कफि पिउँदिन ।*

● Vません

1)「V ません」चाहिं「V ます」को नकारात्मक स्वरुप हो ।「V ません」ले तलका जस्तै「ます」लाई「ません」मा परिवर्तन गरिन्छ ।

भुत नभएको · सकारात्मक	भुत नभएको · नकारात्मक
のみます	のみません
ききます	ききません

2) प्रश्नको उत्तर दिने बेला सकारात्मक, नकारात्मकको उत्तर तलका अनुसार हुन्छ ।

A ：コーヒーを 飲(の)みますか。 *कफि पिउनु हुन्छ ?*

B 1：はい、飲(の)みます。 *हजुर, पिउँछु ।*

B 2：いいえ、飲(の)みません。 *अहँ, पिउँदिन ।*

सन्दर्भबाट कार्यको लक्ष्य स्पष्ट भएको बेला「कार्यको लक्ष्य ＋ を」लाई छोट्याउँछ ।

3. わたしは 何(なに)も 食(た)べません。 *म केहि पनि खाँदिन ।*

● 何(なに)も Vません

「なにも」(प्रश्नवाचक शब्द「なに」＋ विभक्ति「も」) संग संलग्न नकारात्मक क्रियाले पुरै नकारात्मक जनाउँदछ ।

A　：何(なに)を 食(た)べますか。　*के खानुहुन्छ ?*

B１：ラーメンを 食(た)べます。　*चाउचाउ खान्छु ।*

B２：何(なに)も 食(た)べません。　*केहि खाँदिन ।*

4. わたしは コンビニで パンを 買(か)います。　*म कम्बिनिमा पाउरोटी किन्छु ।*

● **N(स्थान) で Vます**

1）「で」ले कार्य गर्ने स्थान जनाउने क्रिया हो । अर्थ "मा" हो ।

2）कार्यको स्थान सोध्नेबेला「どこで」प्रयोग गरिन्छ ।

A：どこで パンを 買(か)いますか。　*कहाँ पाउरोटी किन्नुहुन्छ ?*

B：コンビニで 買(か)います。　*कम्बिनिमा किन्छु ।*

---

① テニスを します。それから、テレビを 見(み)ます。

टेनिस गर्छु । त्यसपछि, टि.भि. हेर्छु ।

「それから」कार्य अनुसार २ वटा वाक्य क्रममा प्रयोग गर्ने संयोजन हो । अर्थ "त्यसपछि" हो ।

② パンと 野菜(やさい)を 食(た)べます。　*पाउरोटी र तरकारी खान्छु ।*

「と」लाई संज्ञासंग जोडिएर क्रममा राख्ने विभक्ति हो । अर्थ "र" हो । वाक्य जोड्नको लागि प्रयोग गरिंदैन ।

「なに」र「なん」एउटै अर्थ हो ।

「なに」धैरै जसो प्रयोग गरिन्छ तर पछाडी आउने शब्द तलको अनुसार भयो भने मात्र「なん」को प्रयोग गरिन्छ । अन्यलाई「なに」को प्रयोग गरिन्छ ।

1）「た」पंक्ति,「だ」पंक्ति,「な」पंक्तिको शब्द पछाडी जोड्ने बेला ।

これは 何(なん)ですか。　*यो के हो ?*

これは 何(なん)の 本(ほん)ですか。　*यो के को पुस्तक हो ?*

2）संख्यावाचक विभक्तिलाई पछाडी साथमा भएको बेला ।

何階(なんがい)ですか。　*कति तल्ला हो ?*

今(いま) 何時(なんじ)ですか。　*अहिले कति बज्यो ?* ⇒ 5 पाठ

भाषा तथा संस्कृति सम्बन्धि जानकारी

食(た)べ物(もの) खाना

野菜(やさい) सागसब्जी

じゃがいも

たまねぎ

にんじん

レタス

きゅうり

トマト

キャベツ

ねぎ

果物(くだもの) फलफूल

りんご

みかん

いちご

桃(もも)

なし

ぶどう

すいか

バナナ

魚(さかな)や貝(かい) समुन्द्री खाना

まぐろ

さけ

さんま

えび

かに

いか

たこ

あさり

肉(にく) मासु

牛肉(ぎゅうにく)

豚肉(ぶたにく)

とり肉(にく)

ラム肉(にく)

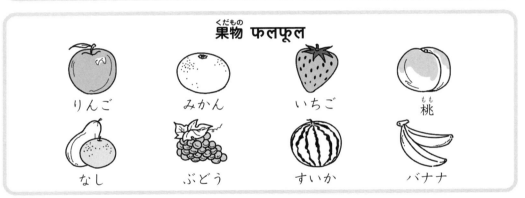

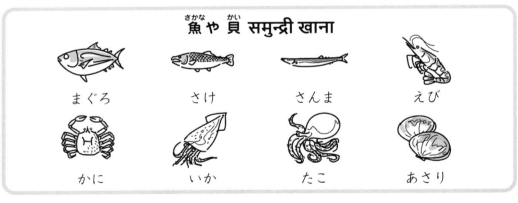

5 सिड्नीमा अहिले कति बज्यो ?

संवाद

किमः सिड्नी जापानी भाषा विद्यालयको सबै जनालाई, शुभ प्रभात ।
विद्यार्थीः शुभ प्रभात ।
किमः सिड्नीमा अहिले कति बज्यो ?
विद्यार्थीः 12:30 बज्यो ।
किमः दिनदिनै जापानी भाषाको अध्ययन गर्नुहुन्छ ?
विद्यार्थीः हजुर, हरेक दिन 10 बजेदेखि 12 बजेसम्म अध्ययन गर्छु ।
किमः आज के को अध्ययन गर्नु भयो ?
विद्यार्थीः संवाद र खान्जीको अध्ययन गरें ।
किमः ए हो ।

शब्दावली

いま	今	अहिले
ごぜん	午前	बिहान
ごご	午後	दिउंसो
—じ	—時	— बजे
—ふん／ぷん	—分	— मिनेट
—じはん	—時半	साढे — बजे
なんじ	何時	कति बजे
なんぷん＊	何分	कति मिनेट
インターネット		इन्टरनेट
メール		मेल
コンサート		कन्सर्ट
せつめい	説明	बयान
〜かい	〜会	〜बैठक
せつめいかい	説明会	बैठक बिबरण
パーティー		पार्टि
ぶんぽう	文法	व्याकरण
かいわ	会話	संवाद
かんじ	漢字	खान्जी
ていしょく	定食	सेट खाना
アルバイト		विद्यार्थीले गर्ने काम
（お）ふろ	（お）風呂	तातो पानीमा बस्नु
おすもうさん	お相撲さん	सुमोउ जी
みなさん	皆さん	सबैजना
せんしゅう	先週	गत हप्ता
こんしゅう＊	今週	यस हप्ता
らいしゅう＊	来週	अर्को हप्ता
まいしゅう＊	毎週	प्रत्येक हप्ता
げつようび	月曜日	सोमबार
かようび	火曜日	मंगलबार
すいようび	水曜日	बुधबार

もくようび	木曜日	बिहिबार
きんようび	金曜日	शुक्रबार
どようび	土曜日	शनिबार
にちようび	日曜日	आइतबार
なんようび＊	何曜日	कुन बार
きのう	昨日	हिजो
おととい＊		अस्ति
あさ	朝	बिहान
けさ＊	今朝	आज बिहान
ひる＊	昼	दिउंसो
ばん＊	晩	सांझ
よる＊	夜	राति
おきます Ⅱ	起きます	उठ्छु
ねます Ⅱ	寝ます	सुत्छु
べんきょうします Ⅲ	勉強します	अध्ययन गर्छु
けんきゅうします Ⅲ	研究します	शोध, अनुसन्धान
はたらきます Ⅰ	働きます	काम गर्छु
およぎます Ⅰ	泳ぎます	पौडिन्छु
おわります Ⅰ	終わります	सकिन्छ
はじまります＊ Ⅰ	始まります	शुरु हुन्छ
れんしゅうします Ⅲ	練習します	अभ्यास गर्छु
はいります Ⅰ	入ります	छिर्छु(स्थान＋に)
やすみます Ⅰ	休みます	आराम गर्छु
つくります Ⅰ	作ります	बनाउंछु
—さい	—歳	— बर्ष
なんさい	何歳	कति बर्ष
～から		～बाट
～まで		～सम्म
～ごろ		～तिर
もしもし		हेलो(फोनमा पहिलो चोटि बोलिने निश्चित वाक्यांश)
おはよう ございます。		शुभ प्रभात ।

5

ロンドン		लन्डन
ペキン		बेईजिङ्ग
とうきょう	東京	टोकियो
シカゴ		सिकागो
ニューヨーク		न्युयोर्क
カイロ		काइरो
バンコク		बैंकक
シドニー		सिड्नी
サンパウロ		सनपाउल
モンゴル		मन्गोलिया
すばるやま	すばる山	सुबारु पहाड
ぶんかセンター	文化センター	सांस्कृतिक भवन
えいがかい	映画会	चलचित्र हेर्ने जमघट

वाक्यको संरचना व्याख्या

क्रिया वाक्य 2: भुत · नकारात्मक, सकारात्मक

समयसंग सम्बन्धित प्रस्तुति

1. 今 8時15分です。 *अहिले 8 बजेर 15 मिनेट भयो ।*

● **—時 — 分**

1）समय जनाउने बेला भन्ने तरिका, संख्याको पछाडी संख्यावाचक विभक्ति「じ」"बजेर"「ふん／ぷん」"मिनेट" लाई जोडेर जनाईन्छ ।「—ふん」「—ぷん」को उच्चारणमा ध्यान दिनुहोस् ।

2）समय सोध्ने बेला प्रश्नवाचक शब्द「なんじ」「なんぷん」को प्रयोग गरिन्छ ।

A：今 何時ですか。 *अहिले कति बज्यो ?*

B：8時15分です。 *8 बजेर 15 मिनेट भयो ।*

2. わたしは 毎朝 7時半に 起きます。

म प्रत्येक बिहान 7 बजेर 30 मिनेट बजे उठ्छु ।

● **N(समय) に Vます**

1）「に」ले कार्य गर्ने「समय」जनाउने विभक्ति हो । अर्थ "बजे" हो ।

2）कार्यको समय सोधिने बेला,「なんじに」को प्रयोग गरिन्छ ।

A：リンさんは 毎朝 何時に 起きますか。

लिन जी प्रत्येक बिहान कति बजे उठ्नु हुन्छ ?

B：7時半に 起きます。 *7 बजेर 30 मिनेट बजे उठ्छु ।*

3. わたしは 月曜日から 金曜日まで 勉強します。

म सोमबार देखि शुक्रवारसम्म अध्ययन गर्छु ।

● **N1 から N2 まで**

1）「から」ले समय वा स्थानको शुरु जनाउने विभक्ति हो । अर्थ "बाट" हो ।「まで」ले समय वा स्थानको सकिएको जनाउने विभक्ति हो । अर्थ "सम्म" हो ।

月曜日から 金曜日まで *सोमबार देखि शुक्रबार सम्म*

9時から 12時40分まで *9 बजे देखि 12 बजेर 40 मिनेट सम्म*

2）「～から」,「～まで」मा「です」लाई सिधै जोडेर पनि प्रयोग गरिन्छ ।

学校は 9時から 12時40分までです。

विद्यालय 9 बजे देखि 12 बजेर 40 मिनेट सम्म हो ।

映画は 何時からですか。 *चलचित्र कति बजेबाट हो ?*

4. わたしは 昨日(きのう) カメラを 買(か)いました。 *मैले हिजो क्यामेरा किने ।*

● Vました

「Vました」चाहिँ「Vます」को भुत स्वरुप हो ।「Vました」चाहिँ「ます」लाई「ました」मा परिवर्तन गरिएको छ ।

5. わたしは 昨日(きのう) 新聞(しんぶん)を 読(よ)みませんでした。 *मैले हिजो पत्रिका पढिन ।*

● Vませんでした

「Vませんでした」चाहिँ「Vません」को भुत स्वरुप हो ।「Vませんでした」चाहिँ「ません」लाई「ませんでした」मा परिवर्तन गरिएको छ ।

भुत नभएको		भुत	
सकारात्मक	नकारात्मक	सकारात्मक	नकारात्मक
かいます	かいません	かいました	かいませんでした
します	しません	しました	しませんでした
ねます	ねません	ねました	ねませんでした

① 12時(じ)ごろ 寝(ね)ました。 *12 बजेतिर सुतेँ ।*

「ごろ」ले अन्दाजीको समय जनाउने विभक्ति हो । अर्थ "तिर" हो ।

भाषा तथा संस्कृति सम्बन्धि जानकारी

武道 मार्शल आर्ट

1. 伝統的な 武道 परम्परागत मार्शल आर्ट

剣道 केन्डो

柔道 जुडो

空手 कराँते

相撲 सुमोउ

弓道 क्युडो
(जापानी धनुविद्या)

合気道 आइकिडो

2. 相撲 सुमोउ

力士(お相撲さん)と 行司
सुमोउ खेलाडी र रेफ्री

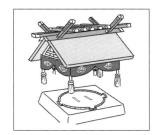
土俵 सुमोउ खेल्ने रिंग

सुमोउ १५ दिनको खेल प्रतियोगिता, हरेक बर्ष ६ पटक(टोकियोमा ३ पटक, नागोया, ओसाका, फुकुओकामा प्रत्येक १ पटक) हुन्छ । सबैभन्दा धेरै पटक जितेको खेलाडी जित्छ । सुमोउ खेलाडीलाई रिकिसी(ओ सुमोउ सान) भनेर बोलाउँदछ । पेशेवर खेलाडी ६ वटा तहमा छुट्याईएको, सबभन्दा माथिल्लो तह योकोजोना भनिन्छ । जवान रिकिसी सुमोउबेयामा(सुमोउ खेलाडी बस्ने घर) शिक्षकबाट तालिम लिई समुहमा बसी अभ्यास गरिन्छ ।

6 क्योटो जान्छु ।

संवाद

तानाखाः मारि जी, अबको सप्ताहान्तमा के गर्नुहुन्छ ?
स्मिथः क्योटो जान्छु ।
तानाखाः राम्रो नि है । म पनि उच्च माध्यमिक विद्यार्थीको बेला गईसकें ।
क्योटोमा के गर्नुहुन्छ ?
स्मिथः साथीलाई भेट्छु । त्यसपछि मन्दिरमा जापानी खाना खान्छु ।
तानाखाः कहिले फर्किनुहुन्छ ?
स्मिथः आइतबारको बेलुका फर्किन्छु ।

शब्दावली

たんじょうび	誕生日	जन्मदिन
バス		बस
ひこうき	飛行機	हवाईजहाज
でんしゃ	電車	रेल
じてんしゃ	自転車	साईकल
ちかてつ	地下鉄	सबवे, भूमिगत रेल
どうぶつえん	動物園	चिडियाखाना
パンダ		पान्डा
サラダ		सलाड
ケーキ		केक
プール		स्वीमिगं पुल
ドライブ		ड्राइभ गर्नु
（お）まつり	（お）祭り	चाड
バイク		मोटरबाईक
はなび	花火	आतसबाजी, पटाका
（お）てら	（お）寺	मन्दिर
しんかんせん	新幹線	बुलेट रेल
おんせん	温泉	हट स्प्रिगं, तातो पानी
ふね	船	जहाज
こうこうせい	高校生	उच्च माध्यमिक विद्यालय
しゅうまつ	週末	सप्ताहान्त
なつやすみ	夏休み	गर्मि बिदा
ふゆやすみ＊	冬休み	हिउँद बिदा
らいげつ	来月	पछिल्लो महिना
こんげつ＊	今月	यस महिना
せんげつ＊	先月	अघिल्लो महिना
きょねん	去年	अघिल्लो बर्ष
ことし＊	今年	यस बर्ष
らいねん＊	来年	पछिल्लो बर्ष
いきます　Ⅰ	行きます	जान्छु
かえります　Ⅰ	帰ります	फर्किन्छु

6

49

きます　Ⅲ	来ます	आउंछु
しょくじします　Ⅲ	食事します	खाना खान्छु
あいます　Ⅰ	会います	भेट्छु(व्यक्ति＋に)
—がつ	—月	— महिना
なんがつ＊	何月	कुन महिना
—にち	—日	— दिन
なんにち＊	何日	कुन दिन
ついたち	1日	1 गते
ふつか	2日	2 गते
みっか	3日	3 गते
よっか	4日	4 गते
いつか	5日	5 गते
むいか	6日	6 गते
なのか	7日	7 गते
ようか	8日	8 गते
ここのか	9日	9 गते
とおか	10日	10 गते
じゅうよっか	14日	14 गते
はつか	20日	20 गते
にじゅうよっか	24日	24 गते
いつ		कहिले
あるいて	歩いて	हिँडेर
いっしょに	一緒に	संगै
ひとりで	一人で	एक्लै
こんど	今度	अब
ええ		हो(अनौपचारिक)
～とき、～		～त्यसबेला, ～
いいですね。		हो है, राम्रो है
すみません。		माफ गर्नुहोस् ।
ちょっと……。		अलिकति ...... ।(कसैको अनुरोधलाई मिठो तरिकाले नकार्नु)

ほっかいどう	北海道	होक्काइडो
さっぽろ	札幌	साप्पोरो
せんだい	仙台	सेन्दाइ
よこはま	横浜	योकोहामा
なごや	名古屋	नागोया
きょうと	京都	क्योटो
おおさか	大阪	ओसाका
ひろしま	広島	हिरोसिमा
べっぷ	別府	बेप्पु
おおさかじょう	大阪城	ओसाका दरबार
げんばくドーム	原爆ドーム	आणबिक गुम्बज
たなか まさお	田中 正男	तानाखा मासाओ

6

वाक्यको संरचना व्याख्या

क्रिया वाक्य 3: 行きます, 来ます, 帰ります

1. わたしは ロンドンへ 行きます。 *म लण्डनमा जान्छु ।*

● N(स्थान) へ 行きます／来ます／帰ります

1）「へ」लाई स्थानान्तरण गर्ने तिर जनाउने विभक्ति हो, अर्थ "मा" हो ।「いきます」「きます」「かえります」जस्ता स्थानान्तरण क्रियासंग प्रयोग गरिन्छ ।

विभक्तिको「へ」लाई「え」भनेर उच्चारण गरिन्छ ।

2）स्थानान्तरण गर्ने स्थान सोध्ने बेला,「どこへ」को प्रयोग गरिन्छ । अर्थ "कहाँ" हो ।

A：どこへ 行きますか。 *कहाँ जानुहुन्छ ?*

B：銀行へ 行きます。 *बैंकमा जान्छु ।*

2. わたしは 3月30日に 日本へ 来ました。

म मार्च 30 तारिखमा जापानमा आइपुगे ।

● N(मा) に 行きます／来ます／帰ります

1）「に」ले मार्च 30 तारिखको जस्तो अंकसंग सम्बन्धित समयको प्रस्तुत गर्ने बेला, कार्य गर्ने बेला जनाउने विभक्ति हो ।

2）「いつ」ले कहिले भनेर सोधिने प्रश्नवाचक शब्द हो । अर्थ "कहिले" हो ।

3）「あした」「まいあさ」「いつ」इत्यादि, अंकसंगै नजनाउने शब्दमा「に」लाग्दैन ।

A　：いつ 日本へ 来ましたか。 *कहिले जापान आउनुभयो ?*

B１：3月30日に 来ました。 *मार्च 30 तारिखमा आएँ ।*

B２：去年 来ました。 *पोहोर साल आएं ।*

ーに	1時に	4月に		
ー~~に~~	朝	今日	毎日	いつ

यधपि, बार「にちようびに」जस्तो「に」जोड्ने बेला पनि छन् ।

3. わたしは バスで 大使館へ 行きます。 *म बसबाट राजदुतावास जान्छु ।*

● **N(सवारी साधन) で 行きます／来ます／帰ります**

1）「で」लाई「でんしゃで」"रेलबाट"「ひこうきで」"हवाईजहाजबाट"「じてんしゃで」"साईकलबाट" जस्ता सवारी साधन जनाउने शब्दसंग सम्बन्धित, सवारी साधन जनाउने विभक्ति हो ।「あるいて」को अवस्थामा「で」हुँदैन,「あるいてで」लेख्यो भने गल्ति हुनजान्छ ।

2）सवारी साधनको बारेमा सोध्नको लागि,「なんで」को प्रयोग हुन्छ ।

Ａ　：何で 大使館へ 行きますか。 *के बाट राजदुतावास जानुहुन्छ ?*

Ｂ１：バスで 行きます。 *बसबाट जान्छु ।*

Ｂ２：歩いて 行きます。 *हिँडेर जान्छु ।*

4. わたしは 田中さんと 病院へ 行きます。 *म तानाखाजीसंग अस्पताल जान्छु ।*

● **N(व्यक्ति) と V**

1）「と」ले कार्य संगसंगै गर्ने व्यक्तिलाई जनाउने विभक्ति हो । अर्थ "संग" हो ।

2）कार्यसंगसंगै गर्ने व्यक्ति सोध्नको लागि,「だれと」प्रयोग गरिन्छ ।

Ａ　：だれと 病院へ 行きますか。 *को संग अस्पताल जानुहुन्छ ?*

Ｂ１：田中さんと 行きます。 *तानाखा जी संग जान्छु ।*

Ｂ２：一人で 行きます。 *एक्लै जान्छु ।*

5. 一緒に 昼ご飯を 食べませんか。 *संगै दिउँसोको खाना खाने होइन ?*

● **Vませんか**

1）「Vませんか」ले व्यक्तिलाई निमन्त्रणा गर्ने बेला जनाईन्छ । अर्थ "क्रिया होइन", हो ।

「ます」लाई「ませんか」मा परिवर्तन गरिन्छ ।

たべます → たべませんか

いきます → いきませんか

2）निमन्त्रणा गरेको बेला तलका जुन भएपनि छानेर उत्तर दिईन्छ ।

Ａ　：一緒に 昼ご飯を 食べませんか。 *संगै दिउँसोको खाना खाने होइन ?*

Ｂ１：ええ、いいですね。 *अँ, हुन्छ नि ।*

Ｂ２：すみません。ちょっと……。 *माफ गर्नुहोस् । अलिकति .... ।*

「Vますか」त्यस कार्य गर्ने नगर्ने सोध्नको लागि प्रस्तुत गर्ने निमन्त्रणाको प्रस्तुति होइन ।

① どこへも 行きませんでした。　*कहिँ पनि गईएन ।*

「どこへも (प्रश्नवाचक शब्द + विभक्ति + も) + क्रिया नकारात्मक स्वरुप」 ले सबै नकारात्मक जनाउँदछ । "कहिँ पनि" भन्ने अर्थ हो ।

A　：どこへ 行きますか。　*कहाँ जानुहुन्छ ?*
B1：銀行へ 行きます。　*बैंकमा जान्छु ।*
B2：どこへも 行きません。　*कहिँ पनि जाँदिन ।*

तर, विभक्ति 「を」 चाहिँ, विभक्ति 「も」 संग परिवर्तन गरि सबै नकारात्मकमा जनाईन्छ ।

A　：何を 食べますか。　*के खानु हुन्छ ?*
B1：ラーメンを 食べます。　*चाउचाउ खान्छु ।*
B2：何も 食べません。　*केहि पनि खादिँन ।*

भाषा तथा संस्कृति सम्बन्धि जानकारी

日本の 祝日 जापानको राष्ट्रिय बिदा

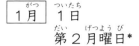

| 1月 | 1日 | 元日 नयाँ बर्ष दिवस |
| | 第2月曜日* | 成人の日 वयस्क दिवस |

| 2月 | 11日 | 建国記念の日 राष्ट्रिय एकता दिवस |
| | 23日 | 天皇誕生日 राजाको जन्मदिन |

| 3月 | 20日ごろ | 春分の日 बसन्त विषुव दिवस |

| 4月 | 29日 | 昭和の日 स्योवा दिवस |

5月	3日	憲法記念日 संविधान दिवस
	4日	みどりの日 मिडोरी दिवस
	5日	こどもの日 बाल दिवस

ゴールデンウイーク

ゴールデンウイーク गोल्डेन विक
अप्रिलको 29 तारिख देखि मेको 5 तारिख सम्मको बिदालाई गोल्डेन विक भनिन्छ । यस समयमा प्रसिद्ध स्थानमा धैरे भिड हुन्छ ।

| 7月 | 第3月曜日** | 海の日 समुन्द्र दिवस |

| 8月 | 11日 | 山の日 पहाड दिवस |

| 9月 | 第3月曜日** | 敬老の日 बृद्धको आदर गर्ने दिवस |
| | 23日ごろ | 秋分の日 शरद विषुव दिवस |

| 10月 | 第2月曜日* | スポーツの日 खेलकुद दिवस |

| 11月 | 3日 | 文化の日 कला र संस्कृति दिवस |
| | 23日 | 勤労感謝の日 मजदुर धन्यवाद दिवस |

*दोस्रो सोमबार   **तेस्रो सोमबार

まとめ 1

शब्दावली

りんご	स्याउ

まとめ	निचोड, सारंश
おやすみなさい。	राम्रोसंग सुत्नुहोस् ।

7 राम्रो फोटो है ।

संवाद

लिनः मारि जी, राम्रो फोटो है । कहाँको फोटो हो ?

स्मिथः सिड्नीको फोटो हो ।

लिनः यो सेतो बिल्डिङ्ग के हो ?

स्मिथः ओपेरा हाउस हो । एकदम प्रख्यात भवन हो ।

लिनः सिड्नी कस्तो ठाउँ हो ?

स्मिथः राम्रो ठाउँ हो । त्यसमाथि एकदम चहलपहल ठाउँ हो ।

लिनः ए हो ।

7 शब्दावली

はな	花	फूल
へや	部屋	कोठा
アパート		अपार्टमेन्ट
アニメ		आनिमेसन
たべもの	食べ物	खानेकुरा
せいかつ	生活	दिनचर्या
やま	山	पहाड, हिमाल
うみ*	海	समुन्द्र
バドミントン		ब्याडमिन्टन
スポーツ		खेलकुद
さくら	桜	पैंयु
バナナ		केरा
まち	町	शहर
ゲームソフト		गेम सफ्ट
コート		कोट
ところ		स्थान
もの		बस्तु
しゃしん	写真	फोटो
たてもの	建物	भवन
おおきい	大きい	ठूलो
ちいさい	小さい	सानो
あたらしい	新しい	नयाँ
ふるい	古い	पुरानो
おもしろい	面白い	चाखलाग्डो, रमाइलो
たかい	高い	अग्लो
ひくい*	低い	होचो
やすい	安い	सस्तो
たのしい	楽しい	रमाईलो
いい		राम्रो
おいしい		मिठो
むずかしい	難しい	गाह्रो
あおい	青い	निलो
ひろい	広い	फराकिलो

せまい＊	狭い	साघुंरो
くろい	黒い	कालो
しろい	白い	सेतो
あかい＊	赤い	रातो
げんき［な］	元気［な］	स्वस्थ
しんせつ［な］	親切［な］	दयालु
かんたん［な］	簡単［な］	सजिलो
きれい［な］		राम्रो, सफा
にぎやか［な］		चहलपहल
しずか［な］	静か［な］	शान्ति, सुनसान
べんり［な］	便利［な］	सुबिधाजनक
ゆうめい［な］	有名［な］	प्रसिध्द
たいへん［な］	大変［な］	कष्ट, गाह्रो
どう		कस्तो छ
どんな		कुन
どれ		कुन चाहिँ
あまり		त्यत्ति
とても		एकदम
いちばん		सबभन्दा
そして		त्यसमाथि
～が、～。		～ तर～।

オーストリア		अस्ट्रिया
ふじさん	富士山	फुजि हिमाल
ウィーン		विन
オペラハウス		ओपेरा हाउस
テレサ		तेरेसा
いけいようし	い形容詞	い विशेषण
なけいようし	な形容詞	な विशेषण
けいようし＊	形容詞	विशेषण
めいし＊	名詞	संज्ञा
どうし＊	動詞	क्रिया

7 वाक्यको संरचना व्याख्या

विशेषण वाक्य 1ः भुत नभएको · सकारात्मक, नकारात्मक

1.
| この パソコンは 新^{あたら}しいです。
この パソコンは 便利^{べんり}です。 |

यो कम्प्युटर नयाँ हो ।
यो कम्प्युर सुविधाजनक छ ।

● N は ［ い A ｜ です
　　　　 な A ］

1) जापानी भाषामा, い विशेषण (い A) र な विशेषण (な A) भनि 2 प्रकारका विशेषण छन् । संज्ञालाई सजाउने बेला, संज्ञाको अगाडी 「い」 हुने विशेषणलाई い विशेषण, 「な」 हुने विशेषणलाई な विशेषण भनिन्छ । ⇒ **3**
な विशेषणमा 「です」 को अगाडी विशेषणमा 「な」 जोडिंदैन ।

2) जापानी भाषाको विशेषण सदुपयोग गरिन्छ । भुत नभएको, भुत, सकारात्मक, नकारात्मकको सदुपयोग स्वरुप छन् ।

3) 「どう」 ले विचार वा मतलाई बुझ्ने प्रश्नवाचक हो । अर्थ "कस्तो" हो ।
　A：この パソコンは どうですか。　*यो कम्प्युटर कस्तो छ ?*
　B：便利^{べんり}です。　*सुविधाजनक छ ।*

2.
| ポンさんの 部屋^{へや}は 広^{ひろ}くないです。
ポンさんの 部屋^{へや}は きれいじゃ ありません。 |

पोन जीको कोठा फराकिलो छैन ।
पोन जीको कोठा सफा छैन ।

● N は ［ い A くないです
　　　　 な A じゃ ありません ］

1) い विशेषण भुत नभएको नकारात्मक स्वरुपमा 「—くないです」 हुन्छ ।
सकारात्मक स्वरुपमा 「いです」 लाई 「くないです」 मा परिवर्तन गरिन्छ ।

い A	भुत नभएको · सकारात्मक	भुत नभएको · नकारात्मक
	ひろいです	ひろくないです
	あたらしいです	あたらしくないです
	*いいです	よくないです

　A　：ポンさんの 部屋^{へや}は 広^{ひろ}いですか。　*पोन जीको कोठा फराकिलो छ हो ?*
　B 1：はい、広^{ひろ}いです。　*हजुर, फराकिलो छ ।*
　B 2：いいえ、広^{ひろ}くないです。　*होइन, फराकिलो छैन ।*

2) な विशेषणको भुत नभएको नकारात्मक स्वरुप 「—じゃありません」 हो । सकारात्मक स्वरुप 「です」 लाई 「じゃありません」 मा परिवर्तन गरिन्छ ।

な A	भुत नभएको · सकारात्मक	भुत नभएको · नकारात्मक
	べんりです	べんりじゃありません
	きれいです	きれいじゃありません

A ：ポンさんの 部屋は きれいですか。 *पोन जीको कोठा सफा छ हो ?*
B 1：はい、きれいです。 *हजुर, सफा छ ।*
B 2：いいえ、きれいじゃ ありません。 *होइन, सफा छैन ।*

3. 富士山は 高い 山です。 *फूजि हिमाल अग्लो हिमाल हो ।*
富士山は 有名な 山です。 *फूजि हिमाल प्रसिद्ध हिमाल हो ।*

● **N1 は A＋N2 です。**

1) विशेषणले संज्ञालाई सजाउने बेला, जहिलेपनि संज्ञाको अगाडी राखिन्छ । यसबेला, い विशेषण 「い」, な विशेषण 「な」 संज्ञाको अगाडी आउँछ ।

2) 「どんな」 ले N संगै, N को अवस्था वा विशेषता, प्रकार बुझ्ने प्रश्नवाचक हो । 「どんな N」 भन्ने स्वरुपले प्रयोग गरिन्छ । अर्थ "कस्तो N" हो ।

A ：富士山は どんな 山ですか。 *फूजी हिमाल कस्तो हिमाल हो ?*
B 1：高い 山です。 *अग्लो हिमाल हो ।*
B 2：有名な 山です。 *प्रसिद्ध हिमाल हो ।*

4. リンさんの かばんは どれですか。 *लिन जीको झोला कुन हो ?*

● **どれ**

「どれ」 ले 3 वटा भन्दा बढी बिकल्पबाट, एकवटा निश्चित गर्ने बेला प्रयोग गर्ने प्रश्नवाचक हो । अर्थ "कुन" हो ।

A：リンさんの かばんは どれですか。 *लिन जीको झोला कुन हो ?*
B：それです。その 大きい かばんです。 *त्यो हो । त्यो ठुलो झोला हो ।*

① 漢字は あまり 難しくないです。　खान्जी त्यत्ति गाह्रो छैन ।

「あまり」चाहिँ मात्रा जनाउने क्रियापद हो, पछि आउने विशेषण वा क्रियाको नकारात्मक स्वरुप संगै प्रयोग गरिन्छ ।

　　漢字は 難しいです。　खान्जी गाह्रो छ ।
　　漢字は あまり 難しくないです。　खान्जी त्यत्ति गाह्रो छैन ।

② わたしの アパートは 広いです。そして、きれいです。

मेरो अपार्टमेन्ट फराकिलो छ । त्यसमाथि सफा छ ।

「そして」ले 2 वटा वाक्य क्रमलाई जोड्ने गरिन्छ । अर्थ "त्यसमाथि" हो ।

③ わたしの アパートは 広いですが、きれいじゃ ありません。

मेरो अपार्टमेन्ट फराकिलो छ तर सफा छैन ।

「が」ले 2 वटा वाक्यलाई एकवटा गर्ने क्रम विभक्ति हो । अर्थ "तर" हो ।

④ きれいな 写真ですね。　राम्रो फोटो है ।

「ね」ले वक्ताको सहानुभूति जनाउने अन्तको विभक्ति हो ।

62

भाषा तथा संस्कृति सम्बन्धि जानकारी

世界遺産 विश्व सम्पदा स्थल

万里の長城
（中国）

タージ・マハル
（インド）

アンコールワット
（カンボジア）

金閣寺
（日本）

自由の女神
（アメリカ）

ピサの斜塔
（イタリア）

ベルサイユ宮殿
（フランス）

ピラミッド
（エジプト）

オペラハウス
（オーストラリア）

8 फूजि हिमाल कहाँ पर्छ ?

संवाद

च्याच्याईः गुरुआमा, फूजि हिमाल कहाँ पर्छ ?
सुजुकीः यहाँ पर्छ ।
च्याच्याईः टोकियो बाट त्यत्ति टाढा छैन है । गुरुआमा फूजि हिमाल जानु भैसक्यो ?
सुजुकीः अँ । पहिलाको बर्ष साथीसंग गएँ ।
च्याच्याईः ए हो ।
सुजुकीः जनावर धेरै छन् ।
च्याच्याईः ए ।
सुजुकीः हिमालमा उपहारको पसल वा भोजनालय छ । हुलाक कार्यालय पनि छ ।
च्याच्याईः ए हो ।

शब्दावली

おとこの こ	男の 子	बालक
おとこの ひと	男の 人	पुरुष
おとこ＊	男	केटा
おんなの こ	女の 子	बालिका
おんなの ひと	女の 人	महिला
おんな＊	女	केटि
こども	子供	बच्चा
いぬ	犬	कुकुर
き	木	रुख
じどうはんばいき	自動販売機	भेन्डिङ मेशिन
ねこ	猫	बिरालो
はこ	箱	बाकस
つくえ	机	टेबल
パジャマ		पाज्यामा, सुत्ने बेला लगाउने लुगा
ピアノ		पिआनो
ベッド		खात
テスト		परिक्षा
テーブル		टेबल
こうばん	交番	प्रहरी चौकि
バスてい	バス停	बस रोक्ने ठाउँ
ポスト		पोष्ट बक्स
でんわ	電話	फोन
ロッカー		लकर
エレベーター		एलेभेटर
いす		मेच
にしぐち	西口	पश्चिम गेट
ひがしぐち＊	東口	पूर्व गेट
みなみぐち＊	南口	दक्षिण गेट
きたぐち＊	北口	उत्तर गेट
きょうかい	教会	चर्च
みずうみ	湖	ताल
つり	釣り	माछा मार्नु
どうぶつ	動物	जनावर
（お）みやげ	（お）土産	उपहार
みせ	店	पसल

うえ	上	माथि
した	下	तल
まえ	前	अगाडि
うしろ	後ろ	पछाडि
なか	中	भित्र
そと＊	外	बाहिर
よこ	横	छेउ
となり	隣	संगै
あいだ	間	सुन्तु
ちかく	近く	नजिक
あります　Ⅰ		छ (स्वास नभएको बस्तुलाई छ भन्दा)
います　Ⅱ		छ (स्वास भएको बस्तुलाई छ भन्दा)
うたいます　Ⅰ	歌います	गाउंछु
おどります　Ⅰ	踊ります	नाच्छु
とおい	遠い	टाढा
ちかい＊	近い	नजिक
いそがしい＊	忙しい	बेफुर्सद, व्यस्तता, हतार हतार
ひま[な]	暇[な]	फुर्सद
ひとり	１人	एकजना
ふたり	２人	दुईजना
―にん	―人	― जना
なんにん	何人	कतिजना
たくさん		धेरै
ええと		अँ
へえ		हो र
～や ～		～वा～
～ですか。		～हो ?(वक्ताले भनेको कुरा निश्चितगर्दा प्रयोग)
どうも ありがとう ございました。		धन्यवाद ।
わかりました。	分かりました。	थाहा पाएं ।
また あした。		फेरि भोलि ।

カナダ		क्यानाडा
みどりえき	みどり駅	मिडोरी स्टेसन

वाक्यको संरचना व्याख्या

अस्तित्वमा रहेको वाक्य

1. | あそこに　スーパーが　あります。
あそこに　田中(たなか)さんが　います。 | *उ त्यहाँ सुपरमार्केट छ ।*
उ त्यहाँ तानाखा जी हुनुहुन्छ ।

● N1(स्थान) に N2 が　あります／います

1）「あります」「います」ले बस्तु वा व्यक्तिको अस्तित्व जनाउने क्रिया हो । अर्थ "छ" हो ।「あります」ले सुपरमार्केट वा पुस्तक इत्यादि निर्जिव बस्तु र रुख वा फूल इत्यादि「います」ले व्यक्ति वा जिव इत्यादि सजिवमा प्रयोग गरिन्छ ।
वाक्यको कर्ता (N2) मा विभक्ति「が」ले जनाईन्छ ।

2）अस्तित्व हुने स्थान(N1)मा विभक्ति「に」ले जनाईन्छ ।

3）अस्तित्व हुने बस्तु वा जिव के हो सोध्ने बेला「なにが」, अस्तित्वमा रहने व्यक्ति को हो, सोध्ने बेला「だれが」प्रयोग गरिन्छ ।

A：あそこに　何(なに)が　ありますか。　*उ त्यहाँ के छ ?*
B：地図(ちず)が　あります。　*नक्सा छ ।*

A：あそこに　だれが　いますか。　*उ त्यहाँ को हुनुहुन्छ ?*
B：田中(たなか)さんが　います。*तानाखा जी हुनुहुन्छ ।*

2. | 駅(えき)の　前(まえ)に　銀行(ぎんこう)が　あります。 | *स्टेसनको अगाडी बैंक छ ।*

● N1 の　N2(अवस्थित)

अस्तित्वको स्थानलाई अझै विस्तृत रुपमा वयान गर्ने बेला, अवस्थित शब्दको प्रयोग गरिन्छ ।
「まえ」"अगाडी",「うしろ」"पछाडी",「よこ」"छेउ" इत्यादि N2 अवस्थित शब्द हो ।
N1(मापदण्ड हुने संज्ञा) ＋の＋ N2(अवस्थित शब्द को शब्दक्रम अनुसार प्रयोग गरिन्छ ।

A：駅(えき)の　前(まえ)に　何(なに)が　ありますか。　*स्टेसनको अगाडी के छ ?*
B：銀行(ぎんこう)が　あります。　*बैंक छ ।*

3. | リンさんは　ロビーに　います。 | *लिन जी लबीमा हुनुहुन्छ ।*

● N1 は　N2(स्थान) に　います／あります

1）N1 को अस्तित्व हुने स्थान जनाउने अभिव्यक्ति हो । N1 ले वाक्यको बिषय भई, विभक्ति「は」को प्रयोग गरिन्छ ।

2）व्यक्ति वा बस्तुको अस्तित्व हुने स्थान सोध्ने बेला,「どこに」को प्रयोग गरिन्छ ।

A：リンさんは　どこに　いますか。　*लिन जी कहाँ हुनुहुन्छ ?*
B：ロビーに　います。　*लबीमा हुनुहुन्छ ।*

4. あそこに 学生(がくせい)が ４人(にん) います。 *उ त्यहाँ विद्यार्थी 4 जना छन् ।*

● N(व्यक्ति) が —人(にん) います

1）「—にん」लाई व्यक्ति गन्ने बेलाको संख्यावाचक विभक्ति हो ।

2）कति जना छन् भनेर सोध्ने बेला प्रश्नवाचक शब्द「なんにん」को प्रयोग गरिन्छ ।

Ａ：あそこに 学生(がくせい)が 何人(なんにん) いますか。 *उ त्यहाँ विद्यार्थी कति जना छन् ?*

Ｂ：４人(にん) います。 *4 जना छन् ।*

5. 一緒(いっしょ)に 歌(うた)いましょう。 *संगै गाऔं ।*

● Vましょう

「Vましょう」चाहिँ वक्ताले श्रोतालाई, संगै केहि गरौं भनि अनुरोध गर्ने बेलाको प्रस्तुती हो ।「ます」लाई「ましょう」मा परिवर्तन गरी प्रयोग गरिन्छ ।「Vませんか」ले विभक्तिको बिचारलाई आदर गरी「Vましょう」ले सकारात्मक रुपमा विपक्षलाई अनुरोध गर्ने, उक्साउने अर्थ लाग्छ । ⇒ 6 पाठ-**5**

---

① 花屋(はなや)の 隣(となり)に ありますよ。 *फूल पसलको संगै छ नि ।*

「よ」ले श्रोताको थाहा नभएको जानकारीलाई जोड दिने अवस्थामा प्रयोग गरिने अन्तिम विभक्ति हो ।

② 花屋(はなや)の 隣(となり)ですね。 *फूल पसलको संगै हो है ।*

「ね」चाहिँ श्रोतासंग मिल्ने बिषयको कुराको बारेमा पक्का गर्ने बेलामा प्रयोग गरिने अन्तिम विभक्ति हो ।

③ 町(まち)に 古(ふる)い 教会(きょうかい)や きれいな 公園(こうえん)が あります。

शहरमा पुरानो गिर्जा घर वा सफा बगैंचा छ ।

「や」ले संज्ञा जोड्ने धैरै भएको बस्तुबाट केहि छानेर प्रस्तुत गर्ने बेलामा प्रयोग गरिने विभक्ति हो ।「と」ले सबै बस्तुलाई क्रममा राख्ने बेला,「や」लाई अरु पनि धैरै बस्तु छन् भनेर सहमित सम्लग्न छ । ⇒ 4 पाठ-②

「どうもありがとうございました」ले केहि गरिदिनुभएको वापद आदररुपमा वयान गरिएको प्रस्तुति हो । बिगतमा केहि गरिदिए वापत फेरि कृतज्ञता वयान गरी, कृतज्ञता ब्यक्तगरी संवाद सकाउनेबेला इत्यादिमा प्रयोग गरिन्छ ।

भाषा तथा संस्कृति सम्बन्धि जानकारी

自然 प्रकृति

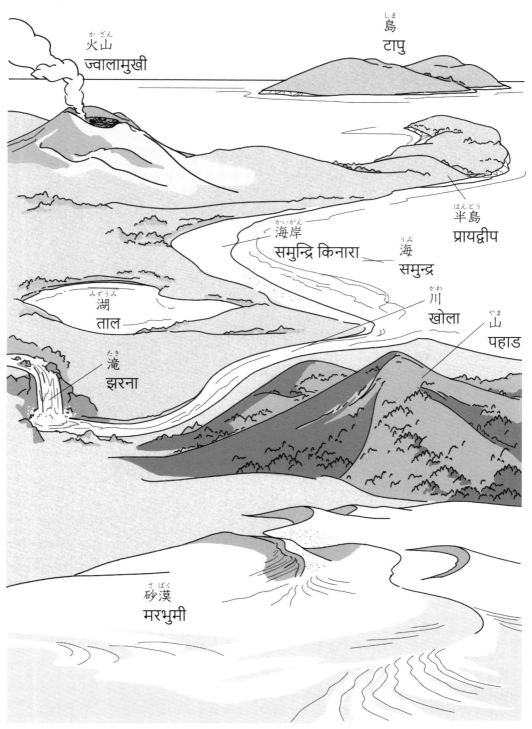

9 कस्तो खेलकुद मनपर्छ ?

संवाद

किमुराः होसे जी, फुर्सदको समयमा कस्तो टेलिभिजन कार्यक्रम हेर्नुहुन्छ ?
कार्लोसः खेलकुदको कार्यक्रम हेर्छु ।
किमुराः कस्तो खेलकुद मनपर्छ ?
कार्लोसः फुटबल मनपर्छ । किमुरा जी फुटबल हेर्नुहुन्छ ?
किमुराः अहं, पटक्कै हेर्दिन । नियम थाहा छैन त्यसैले ।
कार्लोसः ए हो । रमाईलो छ नि ।

शब्दावली

すし		सुशि
やきゅう	野球	तरकारी
まんが	漫画	कमिक्स
そうじ	掃除	सफा गर्नु
せんたく＊	洗濯	धुनु
え	絵	चित्र
うた	歌	गित
えいご	英語	अंग्रेजी
かたかな	片仮名	काताकाना
ひらがな＊	平仮名	हिरागाना
アナウンス		घोषणा
ルール		नियम
まど	窓	झ्याल
かいもの	買い物	किनमेल
てんき	天気	मौसम
あめ	雨	पानी पर्नु
ちゅうしゃ	注射	सुई
じかん	時間	समय
つうやく	通訳	अनुवाद
デート		प्रेम गर्ने व्यक्तिसंग भेटघाट
やくそく	約束	वाचा, प्रतिज्ञा
やまのぼり	山登り	पहाड, चढ्नु
ドラマ		नाटक
りょこう	旅行	भ्रमण
ゴルフ		गल्फ
きょうし	教師	शिक्षक
モデル		मोडल
べんごし	弁護士	वकिल
せんしゅ	選手	खेलाडी
サッカーせんしゅ	サッカー選手	फुटबल खेलाडी
ミュージシャン		संगितकार

71

ばんぐみ	番組	कार्यक्रम
テレビばんぐみ	テレビ番組	टि.भी. कार्यक्रम
おとうさん	お父さん	अरु व्यक्तिको बुबा
おかあさん	お母さん	अरु व्यक्तिको आमा
おにいさん	お兄さん	अरु व्यक्तिको दाई
おねえさん	お姉さん	अरु व्यक्तिको दिदि
おとうとさん	弟さん	अरु व्यक्तिको भाई
いもうとさん	妹さん	अरु व्यक्तिको बहिनी
ちち	父	आफ्नो बुबा
はは	母	आफ्नो आमा
あに	兄	आफ्नो दाई
あね	姉	आफ्नो दिदि
おとうと	弟	आफ्नो भाई
いもうと	妹	आफ्नो बहिनी
(ご)かぞく	(ご)家族	(अरु व्यक्तिको) परिवार
(ご)りょうしん	(ご)両親	(अरु व्यक्तिको) अभिभावक
かきます[えを～] Ⅰ	かきます[絵を～]	लेख्छु[चित्र～]
わかります Ⅰ	分かります	थाहा छ
あけます Ⅱ	開けます	खोल्नु
さんぽします Ⅲ	散歩します	तहलिन जानु
あります Ⅰ		छ
おみあいします Ⅲ	お見合いします	जोडि मिलाउनु
あまい	甘い	गुलियो
からい*	辛い	पिरो
あつい	暑い	गर्मि
さむい*	寒い	जाडो
ねむい	眠い	निन्द्रा लाग्नु
すき[な]	好き[な]	मनपर्ने
きらい[な]	嫌い[な]	मननपर्ने
じょうず[な]	上手[な]	सिपालु
へた[な] *	下手[な]	अदक्ष, सिपालु नभएको
ざんねん[な]	残念[な]	नरमाइलो, नमज्जा

どうして		किन
すこし	少し	अलिकति
だいたい		जम्माजम्मी
よく		धेरै
ぜんぜん	全然	पटक्कै
はやく	早く	छिटो
うーん		अँ
～から、～		～बाट, ～
どうしてですか。		किन होला ?
そうですね。		हो नि ।
よろしく おねがい します。	よろしく お願いし ます。	अनुरोध गर्दछु ।

スペイン	स्पेन
さゆり	सायुरी
えり	एरि
ともみ	तोमोमी
あきら	आकिरा
ひろし	हिरोसी

9

73

9

वाक्यको संरचना व्याख्या

लक्षित गरिएकोलाई「が」ले जनाउने वाक्य

1. わたしは 映画が 好きです。 *मलाई चलचित्र मन पर्छ ।*

● Nが 好きです／嫌いです／上手です／下手です

1)「すきです」「きらいです」「じょうずです」「へたです」लक्षित शब्द आवश्यक भएको な विशेषण हो । यस प्रकारका विशेषणको लक्षित विभक्ति「が」ले जनाउँदछ ।

2) कुनै समुह वा श्रेणीबाट मुख्य संज्ञा सोधिने बेला「どんな」को प्रयोग गरिन्छ । अर्थ "कस्तो" हो ।

A：どんな スポーツが 好きですか。 *कस्तो खेलकुद मनपर्छ ?*

B：テニスが 好きです。 *टेनिस मनपर्छ ।*

2. わたしは 韓国語が 分かります。 *मलाई कोरियाली भाषा थाहा छ ।*

● Nが 分かります

「わかります」को लक्षलाई「が」ले जनाउँछ ।

3. 簡単ですから、分かります。 *सजिलो भएकोले थाहा छ ।*

● S1 から、S2

「から」ले दुईवटा वाक्यलाई जोडेर एउटा वाक्य बनाई कारण बताई जोड्ने विभक्ति हो । अर्थ "भएकोले" हो । S1 ले S2 को कारण जनाउँदछ ।

4. A：どうして 大きい ケーキを 買いますか。
B：リンさんの 誕生日ですから。

A: किन ठुलो केक किन्नु हुन्छ ?

B: लिन जीको जन्मदिन भएकोले ।

●どうして Sか

「どうして」ले कारणबाट केहि सोध्ने बेला प्रयोग गरिने प्रश्नवाचक शब्द हो । अर्थ "किन" हो । कारणको उत्तर दिँदा「から」लाई वाक्यको अन्तमा जोडिन्छ ।

① 時間(じかん)が あります。 *समय छ ।*

「あります」ले "बोक्नु" "लिनु" को अर्थमा प्रयोग गरिन्छ ।「あります」लक्षित विभक्ति 「が」ले जनाउँदछ ।

約束(やくそく)が あります。 *वाचा गरेको छु ।*

お金(かね)が あります。 *पैसा छ ।*

お見合(みあ)いしませんか。 *मागी बिहेको लागि भेटवार्ता गर्नुहुन्न ?*

「V ませんか」ले विपक्षलाई कार्य प्रोत्साहन दिने बेला पनि प्रयोग गरिने प्रस्तुति हो ।

तलका क्रियापदले क्रिया र विशेषणको अगाडि जोडिन्छ त्यस स्तर जनाईन्छ ।

よく	(80–90%)	+ सकारात्मक स्वरुप
だいたい	(50–80%)	
少(すこ)し	(30%)	
あまり	(20%)	+ नकारात्मक स्वरुप
全然(ぜんぜん)	(0%)	

% चाहिँ लगभगको संख्या हो ।

भाषा तथा संस्कृति सम्बन्धि जानकारी

9

スポーツ・映画・音楽 खेलकुद, चलचित्र, संगित

1. スポーツ खेलकुद

サッカー　　ラグビー　　野球　　クリケット

バレーボール　　バスケットボール　　ピンポン／卓球　　ボウリング

サーフィン　　スノーボード　　スキー　　スケート

2. 映画 चलचित्र

ミステリー रहस्यमय　　ラブストーリー प्रेमकथा
アニメ आनिमेसन, अनुप्रणित　　サスペンス सन्देहजनक
ミュージカル सांगितिक　　コメディー हसाँउने　　ファンタジー काल्पनिक
ドキュメンタリー वृत्तचित्र　　ホラー डरलाग्दो

3. 音楽 संगित

クラシック शास्त्रीय　　ロック रक　　ラップ र्याप　　ジャズ ज्याज
J-ポップ जे-पप्(जापानी पप्)　　演歌 एन्खा(जापानी लोकगीत)

10 मैले वातानाबे जीबाट चिया बनाउंन सिकें ।

संवाद

किमः टम जी, त्यो चिया कस्तो लाग्यो ?

जोर्डनः मिठो छ । मैले पहिलो चोटि पिएँ । जापानमा सिकेको हो ?

किमः हो, वातानाबे जी बाट बनाउंन सिकें ।

जोर्डनः ए हो ।

किमः मैले वातानाबे जीलाई कोरियाली खाना बनाउन सिकाएं ।

जोर्डनः किम जी र वातानाबे जी राम्रो साथी है ।

शब्दावली

10

プレゼント		उपहार
カード		कार्ड
えはがき	絵はがき	पोष्ट कार्ड
せんぱい	先輩	अग्रज, अघिको
こうはい*	後輩	सानो, पछिको
おちゃ	お茶	चिया
ネックレス		नेक्लेस
ネクタイ		टाई
シャツ		सर्ट
おっと	夫	श्रीमान
(ご)しゅじん	(ご)主人	(अरु व्यक्तिको) पति
つま	妻	आफ्नो पत्नि
おくさん	奥さん	अरु व्यक्तिको श्रीमति
こどもさん*	子供さん	अरु व्यक्तिको बच्चा
せっけん	石けん	साबुन
みかん		सुन्तला
(ご)ちゅうもん	(ご)注文	माग गर्नु
サンドイッチ		स्यानडविच
スパゲティ		स्पागेति
ステーキ		स्टेक
はし		चपस्टिक
スプーン		चम्चा
ナイフ		चक्कु
フォーク		फोर्क
て	手	हात
レポート		प्रतिवेदन
こうくうびん	航空便	हवाई हुलाक
にもつ	荷物	मालसामान
かきとめ	書留	रजिष्टर
いろ	色	रंग
セーター		स्वेटर
クラス		क्लास

かします　Ⅰ	貸します	सापट दिन्छु
あげます　Ⅱ		दिन्छु
おしえます　Ⅱ	教えます	सिकाइदिन्छु
おくります　Ⅰ	送ります	पठाउँछु
かけます［でんわを～］　Ⅱ	かけます［電話を～］	गर्छु[फोन गर्छु～]
かります　Ⅱ	借ります	सापट लिन्छु
ならいます　Ⅰ	習います	अध्ययन गर्छु
もらいます　Ⅰ		पाउँछु
します　Ⅲ		गर्छु(चिज＋に)
はなします　Ⅰ	話します	कुरा गर्छु
すてき［な］		राम्रो
ひとつ	1つ	1 वटा(बस्तुलाई गन्नेबेला प्रयोग)
ふたつ	2つ	2 वटा
みっつ	3つ	3 वटा
よっつ	4つ	4 वटा
いつつ	5つ	5 वटा
むっつ	6つ	6 वटा
ななつ	7つ	7 वटा
やっつ	8つ	8 वटा
ここのつ	9つ	9 वटा
とお	10	10 वटा
いくつ		कति वटा
―だい	―台	― वटा
なんだい＊	何台	कति वटा
―まい	―枚	― वटा
なんまい＊	何枚	कति वटा
また		फेरि
はじめて	初めて	पहिलो पटक
～を　おねがいします。	～を　お願いします。	～लाई अनुरोध गर्दछु ।
いらっしゃいませ。		स्वागतम ।
～に　よろしく。		～लाई कृपया ।

वाक्यको संरचना व्याख्या

क्रिया वाक्य 4: कार्य गर्दा पाउने व्यक्ति वा दिने व्यक्तिको विभक्तिमा「に」ले जनाउने क्रिया

1. わたしは 友達(ともだち)に 傘(かさ)を 貸(か)しました。 *मैले साथीलाई छाता सापट दिएँ ।*

● **N1(व्यक्ति) に N2(बस्तु) を V**

1) क्रियाको「かします」「あげます」「おしえます」「おくります」कार्य पाउने व्यक्तिले विभक्ति「に」ले जनाउँदछ । अर्थ "वक्ताले केहि सापत दिनु/दिनु/सिकाउनु/पठाउनु" हो ।

2) कार्यमा पाउने व्यक्तिले सोध्ने बेला,「だれに」को प्रयोग गरिन्छ ।

A：だれに かさを 貸(か)しましたか。 *कसलाई छाता सापट दिनु भयो ?*

B：友達(ともだち)に 貸(か)しました。 *साथीलाई सापट दिएँ ।*

2. わたしは マリーさんに 辞書(じしょ)を 借(か)りました。

मैले मारिजीबाट शब्दकोश सापट लिएँ ।

● **N1(व्यक्ति) に N2(बस्तु) を V**

1)「かります」,「もらいます」,「ならいます」ले त्यस कार्यको पाउने व्यक्तिको स्तरबाट वयान गर्ने क्रियाले, कार्यको दिने व्यक्तिको विभक्ति「に」ले जनाउँदछ ।「に」को अर्थ "लाई" हो ।

2) कार्यको पाउने व्यक्तिलाई सोध्ने बेला,「だれに」को प्रयोग गरिन्छ ।

A：だれに 辞書(じしょ)を 借(か)りましたか。 *को बाट शब्दकोश सापट लिनु भयो ?*

B：マリーさんに 借(か)りました。 *मारी जीबाट सापट लिएँ ।*

3. りんごを 7(なな)つ 買(か)いました。 *स्याउ 7 वटा किनें ।*

● **N を अंक＋संख्यावाचक विभक्ति V**

1) स्याउ वा साँचो, कुर्सी इत्यादि बस्तु गन्दा 1 देखि 10 सम्मको संख्यावाचक विभक्ति「ひとつ、ふたつ…とお」को प्रयोग गरिन्छ ।

2)「いくつ」ले बस्तु कतिवटा छ गन्ने बेलाको प्रश्नवाचक हो । अर्थ "कति वटा" हो ।

A：りんごを いくつ 買(か)いましたか。 *स्याउ कतिवटा किन्नुभयो ?*

B：7(なな)つ 買(か)いました。 *7 वटा किने ।*

4. はしで すしを 食べます。　*चपस्तिकले सुशी खान्छु ।*

● N で V

1) यस विभक्तिले「で」केहि गर्ने बेलाको शैली वा तरिका जनाउँदछ ।

2) केहि गर्ने बेलाको शैली वा तरिका सोध्ने बेला,「なんで」प्रयोग गरिन्छ ।

　　A：何で すしを 食べますか。　*के ले सुशी खानुहुन्छ ?*

　　B：はしで 食べます。　*चपस्तिकले खान्छु ।*

10

· ·

①　わたしは コーヒーと ケーキに します。　*म कफि र केक लिन्छु ।*

「N に します」मा धेरैबाट, एक वटा छानेर निर्णय गर्ने बेलाको प्रस्तुति हो । निर्णय गर्ने लक्षित चिजलाई (के) (कहिले) (कहाँ) (को) अनुसार प्रश्नवाचक शब्द「なん」「いつ」「どこ」「だれ」इत्यादिलाई प्रयोग गरिन्छ ।

　　(रेष्टुराँमा संवाद)

　　A：何に しますか。　*के लिनु हुन्छ ?*

　　B：コーヒーと ケーキに します。　*कफि र केक लिन्छु ।*

भाषा तथा संस्कृति सम्बन्धि जानकारी

お祝い・お年玉・お見舞い
बधाई, नयाँ बर्षको उपहारको रुपमा दिने रकम, बिरामीलाई भेट्न जानु

1. お祝い　बधाई

ご（入学）おめでとう ございます。
विद्यालय (भर्ना) भएकोमा बधाई छ।

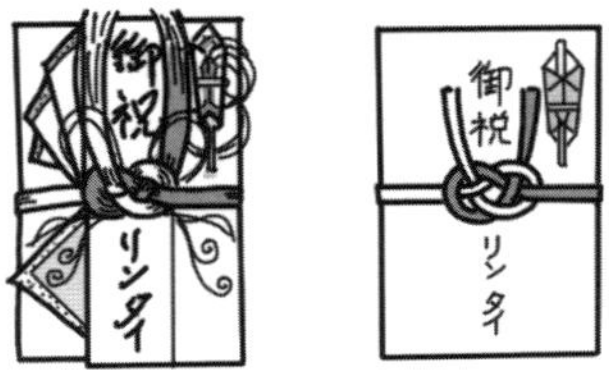

卒業　स्नातक
結婚　विवाह
就職　काम पाउनु
出産　बच्चा जन्माउनु

2. お年玉
नयाँ बर्षको उपहारको रुपमा दिने रकम

あけまして おめでとう ございます。
नयाँ बर्षको शुभकामना।

3. お見舞い
बिरामीलाई भेट्न जानु

お大事に。
आफ्नो ख्याल गर्नुहोस्।

बधाई दिने बेला नगद रकम बाहेक सामान दिने चलन पनि छ। आजकल बधाई दिने बेला सामान हुलाकबाट पठाउने चलन पनि धेरै छन्। बधाईको सामान पाईयो भने पठाउने ब्यक्तिलाई धन्यबादको चिठ्ठी पठाउनुहोला। त्यसपछि पनि भेट्यो भने(अस्ति धेरै धेरै धन्यवाद) भनेर फेरी एकपटक नबिर्सिकन धन्यवाद भन्नुहोस्।

11 टोकियो र सिओलमा कुन ठाउँ जाडो छ ?

संवाद

जोर्डनः किम जी, सिओल कस्तो शहर हो ?
किमः खानेकुरा मिठो भई राम्रो शहर हो ।
तर, हिउँदमा जाडो छ ।
जोर्डनः टोकियो र सिओलमा कुन ठाउँ जाडो छ ?
किमः सिओलनै धेरै जाडो छ ।
जोर्डनः ए हो । कुन महिना सबभन्दा जाडो छ ?
किमः फेब्रुअरी महिना सबभन्दा जाडो छ ।
जोर्डनः किम जी हिउँदको खेलकुद हुन्छ ?
किमः होइन, मलाई न्यानो कोठा भित्र नै मन पर्ने भएकोले ।

शब्दावली

11

はな	鼻	नाक
め	目	आँखा
くび	首	घाँटि
あし	足	खुट्टा
みみ	耳	कान
せ	背	ढाड
あたま	頭	टाउको
かお*	顔	अनुहार
くち*	口	मुख
からだ*	体	शरीर
りゅうがくせい	留学生	बिदेशी विद्यार्थी
けいざい	経済	अर्थशास्त्र
～がくぶ	～学部	～विभाग, बिषय
けいざいがくぶ	経済学部	अर्थशास्त्र विभाग
かんきょう	環境	बातावरण
がくひ	学費	पढाई खर्च
キャンパス		क्याम्पस
れきし	歴史	इतिहास
しごと	仕事	काम
てんぷら	天ぷら	तारेको(माछा वा सागसब्जीलाई तेलमा तारेको खाना)
とんカツ	豚カツ	बंगुरको मासु तारेको
のみもの	飲み物	पिउने
いちご		स्ट्रबेरी
すいか		खरभुजा
メロン		मेलोन
じゅうどう	柔道	जुडो
スケート		स्केट
いちねん	１年	एक बर्ष
はる	春	बसन्त ऋतु
なつ	夏	ग्रीष्म ऋतु
あき	秋	शरद ऋतु
ふゆ	冬	हिउँद ऋतु
どくしん	独身	अविवाहित

マンション		मानस्योन(कन्क्रिटले बनाइएको अपार्टमेन्ट)
ちゅうしゃじょう	駐車場	पार्किङ्ग
おおい	多い	धेरै
すくない＊	少ない	थोरै
ながい	長い	लामो
みじかい	短い	छोटो
あたたかい	暖かい	न्यानो
すずしい＊	涼しい	शितल
あかるい	明るい	उज्यालो
くらい＊	暗い	अंध्यारो
やさしい	優しい	दयालु
はやい	速い	छिटो
おそい＊	遅い	ढिलो
うるさい		होहल्ला
たいせつ［な］	大切［な］	महत्वपुर्ण
まじめ［な］		सोझो
—ねん	—年	— बर्ष
なんねん＊	何年	कति बर्ष
—へいほうメートル（㎡）	—平方メートル	— वर्ग मिटर
どちら		कुन चाहिँ
どちらも		जुनपनि, दुइवटै
ずっと		जहिलेपनि
でも		तरपनि

きゅうしゅう	九州	क्युस्यु
マニラ		मनिला
パリ		पेरिस
なら	奈良	नारा
ソウル		सिओल
さくらマンション		साकुरा मानस्योन
みどりアパート		मिडोरी आपातो

वाक्यको संरचना व्याख्या

तुलना

1. 東京 は 人が 多いです。 *टोकियोमा मानिसहरु धेरै छन् ।*

● **N1 は N2 が A**

वस्तु वा व्यक्तिको विशेषता वयान गर्ने बेला प्रस्तुत गरिन्छ । N1 ले वाक्यको बिषयमा विभक्ति 「は」 लाई संगै राखी 「N2 が A」 मा N1 को वयान गर्छ । N2 ले विशेषणको कर्तामा विभक्ति 「が」 संगै हुन्छ । माथिको वाक्यमा सिधै अनुवाद गर्दा, "टोकियोको बारेमा भन्नुपर्दा, मानिसहरु धेरै छन्" हुन्छ ।

N1 は N2 が A

↑ वाक्यको बिषय   ↑ बिषयको बारेमा वयान

2. ソウルは 東京より 寒いです。 *सिओल टोकियो भन्दा जाडो छ ।*

● **N1 は N2 より A**

दुईवटा कुरालाई तुलना गर्ने बेला प्रस्तुत गरिन्छ । तुलनाको आधार N2 मा विभक्ति 「より」 ले जनाउँदछ । 「より」 को अर्थ "भन्दा" हो ।

3. A：肉と 魚と どちらが 好きですか。 *मासु र माछामा कुन मनपर्छ ?*
B：魚の ほうが 好きです。 *माछा नै मनपर्छ ।*

● **N1 と N2 と どちらが A か**

● **N1/N2 の ほうが A**

「どちら」 ले दुईवटालाई तुलना गर्दा प्रयोग गरिने प्रश्नवाचक शब्द हो । अर्थ "कुन" हो । 「どちら」 ले वस्तु, व्यक्ति, स्थानलाई कुनको सट्टामा प्रयोग गरिन्छ । उत्तर दिने बेला 「のほう」 लाई जोडिन्छ । दुबै एउटैअबस्थामा 「どちらも」 को प्रयोग गरिन्छ । अर्थ "दुईवटै" हो ।

A ：コーヒーと 紅茶と どちらが 好きですか。

कफि र कालो चियामा कुन मनपर्छ ?

B１：コーヒーの ほうが 好きです。 *कफि नै मनपर्छ ।*
B２：どちらも 好きです。 *दुइवटै मनपर्छ ।*

4. スポーツで サッカーが いちばん 好きです。

खेलकुदमा फुटबल सबभन्दा बढी मनपर्छ ।

● N1 で N2 が いちばん A

तिनवटा भन्दा बढी तुलना गरी त्यस क्षेत्रमा सबभन्दा मनपर्ने बस्तुलाई जनाउँने बेला 「いちばん」को विशेषणको अगाडी जोडी प्रयोग गरिन्छ । प्रश्नवाचक शब्दमा बस्तुको बारेमा 「なに」, व्यक्तिको बारेमा, 「だれ」, स्थानको बारेमा 「どこ」, समयको बारेमा 「いつ」को प्रयोग गरिन्छ । तुलनाको लक्षित क्षेत्रमा 「スポーツで」 जस्तै 「で」 ले जनाउँदछ ।

A：スポーツで 何が いちばん 好きですか。
खेलकुदमा कुन सबभन्दा मनपर्छ ?
B：サッカーが いちばん 好きです。 *फुटबल सबभन्दा बढी मनपर्छ ।*

A：家族で だれが いちばん 背が 高いですか。
परिवारमा को सबभन्दा अग्लो छ ?
B：父が いちばん 背が 高いです。 *बुबा सबभन्दा अग्लो छ ।*

5. わたしの 部屋は 新しくて、静かです。 *मेरो कोठा नयाँ भई, सुनसान छ ।*

● いAくて／なAで／Nで

विशेषण वाक्य वा संज्ञा वाक्यलाई समानान्तर रुपमा राख्नेबेला तलका अनुसार प्रयोग गरिन्छ । い विशेषण वाक्यमा शब्दको अन्तिमको 「いです」 लाई 「くて」 मा परिवर्तन गरी な विशेषण वाक्य र संज्ञा वाक्यको 「です」 लाई 「で」 मा परिवर्तन गरी जोडिन्छ ।

いA：	あたらしいです	→	あたらしくて
	*いいです	→	よくて
なA：	きれいです	→	きれいで
N ：	２かいです	→	２かいで

わたしの 部屋は 新しくて、静かです。
मेरो कोठा नयाँ भई, सुनसान छ ।
わたしの 部屋は きれいで、静かです。
मेरो कोठा सफा भई, सुनसान छ ।
わたしの 部屋は ２階で、静かです。
मेरो कोठा २ तल्लामा भई, सुनसान छ ।

भाषा तथा संस्कृति सम्बन्धि जानकारी

宇宙 ब्रम्हाण्ड

1. 太陽系　सौर्य मण्डल

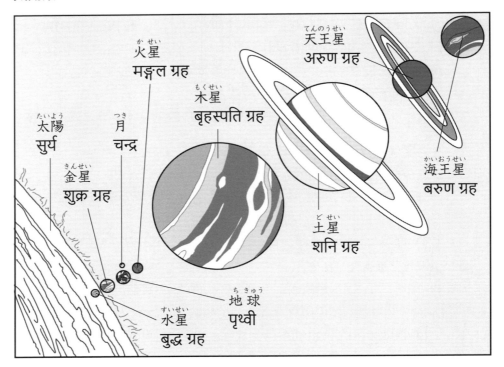

2. 距離・温度・大きさ　दुरी, तापक्रम, आकार

	太陽	地球	月	土星
距離 दुरी, अन्तराल	150,000,000 km	1,500,000,000 km		
		384,000 km		
表面温度 सतही तापक्रम	6,000℃	15℃	107〜−153℃	−180℃
直径 ब्यास	1,400,000 km	13,000 km	3,500 km	120,000 km

12 भ्रमण कस्तो भयो ?

संवाद

स्मिथः   किमुरा जी, यो हिरोसिमाको उपहार हो । लिनुहोस् ।

किमुराः   ओहो, धन्यवाद । भ्रमण कस्तो भयो ?

स्मिथः   एकदम रमाईलो भयो । तर, अलिकति जाडो भयो ।

किमुराः   ए, हो र ।

स्मिथः   जहाजबाट मियाजिमामा गएँ ।

किमुराः   दृष्य कस्तो लाग्यो ?

स्मिथः   एकदम राम्रो लाग्यो । समुद्र वा टापुको फोटो खिचें ।

किमुराः   राम्रो भयो है ।

शब्दावली

やすみ	休み	बिदा
ひるやすみ	昼休み	खाना खाने समय
はなみ	花見	पैयुँ फूल हेर्नु
おにぎり		ओनिगिरी, भातको डल्लो
じゅんび	準備	तयारी
ホテル		होटल
じゅぎょう	授業	पढाई
きもの	着物	जापानी लुगा
フェリー		व्यक्ति वा वस्तु ओसार प्रसार गर्ने जहाज
くうこう	空港	एअरपोर्ट
～たち		～हरु(एक भन्दा बढि व्यक्ति जनाउन लेखिने प्रत्यय)
わたしたち		हामीहरु
はし	橋	पूल
あか	赤	रातो
きいろ	黄色	पहेँलो
けしき	景色	दृश्य
しま	島	टापु
はっぴょうします Ⅲ	発表します	प्रस्तुत गर्नु
のぼります Ⅰ	登ります	चढ्नु(पहाड/हिमाल+に)
とまります Ⅰ	泊まります	बस्नु(होटल+に)
きます Ⅱ	着ます	लगाउनु
ぬぎます＊ Ⅰ	脱ぎます	फुकाल्नु
かかります Ⅰ		लाग्नु(समय पैसा बारेमा बयान गर्नु)
とります Ⅰ	撮ります	खिच्नु(फोटो)
きびしい	厳しい	कडा
こわい	怖い	डरलाग्डो
おもい	重い	गह्रुगों
かるい＊	軽い	हलुका
つめたい	冷たい	चिसो

—ふん／ぷん	—分	— मिनेट
なんぷん	何分	कति मिनेट
—じかん	—時間	— घन्टा
なんじかん	何時間	कति घन्टा
—にち	—日	— दिन
なんにち*	何日	कति दिन
—しゅうかん	—週間	— हप्ता
なんしゅうかん*	何週間	कति हप्ता
—かげつ	—か月	— महिना
なんかげつ	何か月	कति महिना
—ねん*	—年	— बर्ष
なんねん*	何年	कति बर्ष
はんとし*	半年	आधि बर्ष, छ महिना
どのぐらい		कति जत्ति
あ		ओहो
ちょっと		अलिकति
～ぐらい		～जत्ति
どうぞ。		लिनुस् ।
ありがとう。		धन्यवाद ।

シアトル		सिआतल
ローマ		रोम
プサン		बुसान
ふくおか	福岡	फुकुओका
かごしま	鹿児島	खागोसिमा
なりた	成田	नारिता
みやじま	宮島	मियाजिमा

12

वाक्यको संरचना व्याख्या

विशेषण वाक्य, संज्ञा वाक्य 2ः भुत · सकारात्मक, नकारात्मक

1.

ナルコさんは 忙<small>いそが</small>しかったです。	नारुको जी व्यस्त हुनुहुन्छ ।
ナルコさんは 元気<small>げんき</small>でした。	नारुको जी स्वस्थ हुनुहुन्छ ।

● い A かったです／な A でした／N でした

1) विशेषण र संज्ञा वाक्यले क्रियासंगै भुत, भुत नभएको, सकारात्मक, नकारात्मक 4 वटाको सक्रिय स्वरुप छन् ।

2) भुतको सकारात्मक स्वरुप बनाउने बेला, い विशेषण शब्दमा अन्तिमको 「いです」 लाई 「かったです」 मा परिवर्तन गरिन्छ । な विशेषण र संज्ञा 「です」 लाई 「でした」 मा परिवर्तन गरिन्छ ।

```
い A ：  いそがしいです  →  いそがしかったです
        *いいです       →  よかったです
な A ：     げんきです   →  げんきでした
N   ：かいしゃいんです  →  かいしゃいんでした
```

2.

キムさんは 忙<small>いそが</small>しくなかったです。	किम जी व्यस्त थिएन ।
キムさんは 元気<small>げんき</small>じゃ ありませんでした。	किम जी स्वस्थ थिएन ।

● い A くなかったです／な A じゃ ありませんでした／N じゃ ありませんでした

भुतको नकारात्मक स्वरुप बनाउने बेला い विशेषण 「くないです」 लाई 「くなかったです」 मा परिवर्तन गरिन्छ । な विशेषण र संज्ञा 「じゃありません」 लाई 「じゃありませんでした」 परिवर्तन गरिन्छ ।

```
い A ：     いそがしくないです       →     いそがしくなかったです
な A ：     げんきじゃありません      →     げんきじゃありませんでした
N   ：かいしゃいんじゃありません  →  かいしゃいんじゃありませんでした
```

	भुत नभएको		भुत	
	सकारात्मक	नकारात्मक	सकारात्मक	नकारात्मक
い A	たかいです	たかくないです	たかかったです	たかくなかったです
な A	ひまです	ひまじゃありません	ひまでした	ひまじゃありませんでした
N	あめです	あめじゃありません	あめでした	あめじゃありませんでした

12

3. A：ホセさんは どのぐらい 日本語(にほんご)を 勉強(べんきょう)しましたか。
B：2週間(しゅうかん) 勉強(べんきょう)しました。

A: होसेल जी ले कतिजति जापानी भाषा अध्ययन गर्नु भयो ?
B: दुइ हप्ता अध्ययन गरें ।

●どのぐらい

1)「どのぐらい」ले समय वा अवधिको कति भनेर सोध्ने प्रश्नवाचक शब्द हो । समय वा अवधिलाई प्रतिक्रिया दिंदा「—じかん」,「—にち」「—しゅうかん」इत्यादि संख्यावाचक बिभक्ति प्रयोग गरी उत्तर दिईन्छ ।

2)「どのぐらい」को सट्टामा「なんじかん」「なんにち」「なんしゅうかん」「なんかげつ」「なんねん」इत्यादिको प्रश्नवाचक शब्द प्रयोग गरिन्छ ।

---

① 10日(とおか)ぐらい かかります。 *10 दिन जति लाग्छ ।*

「ぐらい」ले लगभग त्यसको मात्रा वा अवधि इत्यादि जनाउने बिभक्ति हो । अर्कोतिर, लगभग त्यस समय जनाउने बेला「ごろ」लाई प्रयोग गरिन्छ । ⇒ 5 पाठ-①

「ぐらい」लाई「くらい」भनेर उच्चारण गरिन्छ ।

भाषा तथा संस्कृति सम्बन्धि जानकारी

1年の行事 बार्षिक कार्यक्रम

1月 初もうで
नयाँ बर्षमा मन्दिरमा जानु

2月 豆まき
गेडागुडी छर्ने चाड

3月 ひな祭り
पुतली चाड

卒業式
दिक्षान्त समारोह/ स्नातक समारोह

4月 花見
पैयूँ फूल हेर्नु

入学式
स्वागत समारोह

5月 こどもの日
बालकको दिन

7・8月 七夕
ताराको चाड

花火
पटका/आतसबाजी

盆踊り
बोन नाँच

9月 月見
चन्द्रमा हेर्नु

10月 運動会
खेल प्रतियोगिता

11月 七五三
७, ५ र ३ बर्षमा बालबालिकालाई मनाईने चाड

12月 大みそか
नयाँ बर्षको अघिल्लो रात

まとめ 2

शब्दावली

とり	鳥	चरा
かみ	髪	कपाल
ことば	言葉	शब्द
ライオン		सिहँ
くじゃく		मयूर
ペンギン		पेंगिन
にんげん	人間	मानिस
とります Ⅰ	捕ります	पक्रिन्छु
めずらしい	珍しい	बिरलै, अनौठो
いろいろ[な]		बिभिन्न
～の なかで	～の 中で	～को भित्र
こたえ	答え	उत्तर
もんだい*	問題	प्रश्न

13 केहि खान मन लाग्यो है ।

संवाद

लिनः चाड रमाईलो भयो है ।
स्मिथः तर, एकदम थाक्यो र हात दुख्यो ।
लिनः ठिक छ ?
स्मिथः अँ । तर अलिकति घाँटि सुक्यो ।
लिनः मलाई भोक लाग्यो ।
स्मिथः हो है । केहि खान मन लाग्यो है ।
लिनः त्यसो भए कतै खान जाने होइन ?
स्मिथः राम्रो है ।

शब्दावली

ふとん	布団	फुटोन(जापानी सुत्ने डसना सेट)
(お)さら	(お)皿	प्लेट
コップ		कप
ハイキング		हाइकिङ्ग
しやくしょ	市役所	नगरपालिका
しちょう	市長	मेयर
こうじょう	工場	कारखाना
けんがく	見学	हेर्न जानु
スキー		स्कि
～かた	～方	～तरिका
つくりかた	作り方	बनाउने तरिका
すもう	相撲	सुमोउ
チケット		टिकट
だいがくいん	大学院	स्नातक विश्वबिद्यालय
ロボット		रोबर्ट
こうがく	工学	इन्जिनियरिङ
ロボットこうがく	ロボット工学	रोबर्ट इन्जिनियरिङ
しょうらい	将来	भबिष्य
あそびます　I	遊びます	खेल्नु
かえします　I	返します	फर्काउनु
むかえます　II	迎えます	लिन जानु
もちます　I	持ちます	बोक्नु
てつだいます　I	手伝います	सहयोग गर्नु
あらいます　I	洗います	धुनु
つかいます I	使います	प्रयोग गर्नु
ほしい	欲しい	चाहनु
いたい	痛い	दुख्नु
だいじょうぶ[な]	大丈夫[な]	बलियो
—ねんせい	—年生	— कक्षा

—(ねん)まえに	—(年)前に	— बर्ष पहिला
ありがとう ございます。		धन्यवाद ।
がんばって ください。	頑張って ください。	मेहेनत गर्नुहोस् ।
どう しますか。		के गर्नुहुन्छ ?
つかれました。	疲れました。	थाक्यो ।
のどが かわきました。	のどが 渇きました。	घाँटि सुक्यो ।
おなかが すきました。		भोक लाग्यो ।

かぶきざ	歌舞伎座	खाबुकि रङ्गमञ्च
ただいま。		आइपुगें ।(घरमा फर्किंदा भन्ने निश्चित वाक्यांश)
ホール		हल

वाक्यको संरचना व्याख्या

ます स्वरुप

1. わたし は お金(かね) が 欲(ほ)しい です。 *म पैसा चाहन्छु ।*

● N が 欲(ほ)しい です

「ほしい」चाहिँ केहि स्वामित्वमा राख्नको लागि वक्ताको इच्छा जनाउने प्रस्तुति हो । अर्थ "म ～ चाहन्छु" हो । श्रोतालाई इच्छा सोध्ने बेलामा प्रयोग गरिन्छ ।「ほしい」मा लक्षित बिभक्ति「が」ले जनाइन्छ ।「ほしい」ले「い विशेषण」लाई सदुपयोगको अन्य「い विशेषण」संग समान हुन्छ ।

「ほしいです」「V たいです (⇒ **2**)」ले तेस्रो व्यक्तिको ईच्छा, अनुरोध जनाउँनलाई प्रयोग गरिंदैन । त्यसमाथि आफु भन्दा माथिको व्यक्तिलाई「ほしいですか」「V たいですか (⇒ **2**)」प्रयोग गर्दा राम्रो हुँदैन । उदाहरणको रुपमा कफिको लागि अनुरोध गर्ने बेला「いかがですか」प्रयोग गरिन्छ ।

コーヒーは いかがですか。 *कफि पिउनुहुन्छ ?*

2. わたし は 柔道(じゅうどう) を 習(なら)いたい です。 *म जुडोको अध्ययन गर्न चाहन्छु ।*

● N を V たい です

1）「V たいです」ले कुनै कार्य गर्न चाहना भएको भन्ने इच्छा जनाउने प्रस्तुति हो । अर्थ "म ～ चाहन्छु" हो । श्रोताको चाहना सोध्ने बेला प्रयोग गरिन्छ ।「V たいです」को सदुपयोग「い विशेषण」संग समान छ ।

2）「ます」ले सकिने क्रियाको स्वरुप「ます स्वरुप」(V ます) भनेर बोलाईन्छ ।「たいです」ले「ます स्वरुप」को「ます」लाई「たいです」मा परिवर्तन गरी प्रयोग गरिन्छ ।

いきます → いきたいです
たべます → たべたいです
　します → 　したいです

「ほしいです」「V たいです」को सदुपयोग तलको अनुसार हुन्छ ।

भुत नभएको		भुत	
सकारात्मक	नकारात्मक	सकारात्मक	नकारात्मक
ほしいです	ほしくないです	ほしかったです	ほしくなかったです
V たいです	V たくないです	V たかったです	V たくなかったです

3. わたしは 山(やま)へ 写真(しゃしん)を 撮(と)りに 行(い)きます。
わたしは 山(やま)へ ハイキングに 行(い)きます。

म पहाडमा फोटो खिच्न जान्छु ।
म पहाडमा हाइकिङ्ग जान्छु ।

● N1(स्थान) へ [V ~~ます~~ / N2] に 行(い)きます／来(き)ます／帰(かえ)ります

1） कहिं स्थानान्तर गरी केहि गर्न उद्देश्यलाई जनाउने प्रस्तुति हो । अर्थ "केहि गर्न जानु" "केहि चिजको लागि जानु" हो । उद्देश्यलाई बिभक्ति「に」ले जनाउँदछ ।

2） प्रयोग गर्ने तरिका तलको अनुसार छ । लक्ष्यमा क्रियाको अवस्था, ます स्वरुपको「ます」लाई निकालेर「に」जोडिन्छ । लक्ष्य संज्ञा भएको अवस्थामा सिधै「に」जोडिन्छ ।

3）「べんきょうします」「しょくじします」जस्ता「संज्ञा＋します」को स्वरुपको क्रियाले लक्षित हुने बेला「しにいきます」को「し」ले साधारणतया छोट्याउँछ ।

A ：リンさんは 山(やま)へ 何(なに)を しに 行(い)きますか。
लिन जी पहाडमा के गर्न जानुहुन्छ ?

B１：写真(しゃしん)を 撮(と)りに 行(い)きます。 *फोटो खिच्न जान्छु ।*

B２：ハイキングに 行(い)きます。 *हाइकिङ्ग जान्छु ।*

4. 手伝(てつだ)いましょうか。 *सहयोग गरौं कि ?*

● Vましょうか

वक्ताले श्रोतालाई लक्षित गरी केहि गरौं भन्ने कुरा सोध्नको लागि जनाइने प्रस्तुति हो । अर्थ "गरौं कि" हो । ます स्वरुपको「ます」लाई「ましょうか」मा परिवर्तन गरिन्छ ।

つくります → つくりましょうか
とります → とりましょうか

श्रोताले गरौं कि भन्ने प्रश्नमा गराउनको लागि「ありがとうございます」, नगराउनको लागि「いいえ、だいじょうぶです」भन्ने प्रस्तुतिको बढी प्रयोग गरिन्छ ।

---

① すき焼(や)きを 作(つく)りたいんですが……。 *सुकियाकी बनाउन मन छ...... ।*

1）「V たいんですが」मा वक्ताले केहि प्रश्न गर्दा आफ्नो इच्छा जाहेर गर्दा, आफ्नो अवस्था वा कारण जनाउने बिनम्ररुपमा अनुरोधको अगाडी प्रयोग गरिन्छ ।

2）「が」ले दुईवटा वाक्य जोड्ने संयोजन बिभक्ति हो तर, पछाडी आउने वाक्य छोट्याउने भएकोले वक्ताले संकोच गर्नु वा हिच्किचाउने भावना जनाउँदछ । यस बिभक्ति「が」मा "तरको" अर्थ हुँदैन ।

3） श्रोताले「が」को पछाडी आउने वाक्य सामग्री अनुसार, सामना गर्नुपर्ने हुन्छ ।

② 作り方　*बनाउने तरिका*

「つくりかた」ले बनाउने तरिका भन्ने अर्थ लगाउँछ।「V ます」को「ます」लाई हताई, 「かた」लाई जोडेर प्रयोग गरिन्छ । त्यस कार्यको गर्ने तरिकाबाट तरिका जनाउँदछ । 「V ~~ます~~＋かた」चाहिं संज्ञा हो ।

つくります → つくりかた　*बनाउने तरिका*
たべます → たべかた　*खाने तरिका*

③ 何か 食べたいです。　*केहि खान चाहन्छु ।*

प्रश्नवाचक शब्द「なに／どこ／だれ」＋ बिभक्ति「か」ले निश्चित गर्न नसक्ने “कुनै बस्तु” “कुनै स्थान” “कुनै व्यक्ति” भन्ने अर्थ लाउँदछ ।

何か 食べたいです。　*केहि खान चाहन्छु ।*
どこか(へ) 行きたいです。　*कहिँ जान चाहन्छु ।*
だれか いますか。　*कोहि छ ?*

13 भाषा तथा संस्कृति सम्बन्धि जानकारी

教育 शिक्षा

1. 日本の 学校制度　जापानको विद्यालय प्रणाली

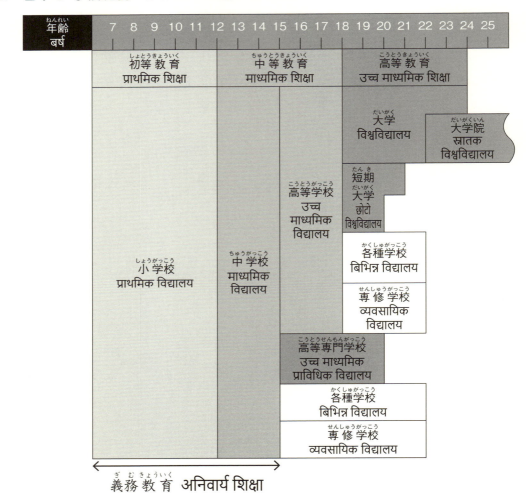

2. 学部　विश्वविद्यालय संकाय

理系　विज्ञान पाठ्यक्रम
　医学部　चिकित्सा शास्त्र संकाय
　薬学部　औषधि संकाय
　工学部　इञ्जिनियर संकाय
　理学部　विज्ञान संकाय
　農学部　कृषि संकाय

文系　मानविकी पाठ्यक्रम
　法学部　कानुन संकाय
　経済学部　अर्थशास्त्र संकाय
　経営学部　व्यवस्थापन संकाय
　文学部　साहित्य संकाय
　教育学部　शैक्षिक संकाय

14 मेरो रुची संगित सुन्नु हो ।

संवाद

वातानाबेः आलान जी, रुचि के हो ?
मालेः रुचि । संगित सुन्नु हो ।
वातानाबेः ए हो । कस्तो संगित सुन्नु हुन्छ ?
मालेः ज्याज वा रक सुन्छु ।वातानाबे जी नि ?
वातानाबेः मलाई पनि संगित मनपर्छ ।
कहिलेकाहिँ आफैले संगित बनाउँछु ।
मालेः त्यसो भए, पिआनो बजाउंन सक्नु हुन्छ ?
वातानाबेः हजुर ।
मालेः म गितार बजाउंन सक्छु ।
अर्को पटक संगै कन्सर्ट गरौं ।

शब्दावली

14

ギター		गितार
たたみ	畳	जापानी कार्पेट(घाँसबाट बनाईएको जापानी कार्पेट)
かれ	彼	उ
かのじょ	彼女	उनि
りょうきん	料金	महसुल
でんわりょうきん	電話料金	फोनको महसुल
いけばな	生け花	परम्परागत जापानी फूल सजाउने
にんじゃ	忍者	निन्जा(पुराना गुप्तचर)
カラオケ		खाराओके
ゆかた	浴衣	युखाता(सुतिबाट बनेको जापानी परम्परागत पोशाक)
ペット		खात
バーベキュー		बार्बेक्यु, पोलेर खानु
テント		पाल
めざましどけい	目覚まし時計	घन्टी बज्ने घडी
シャワー		नुहाउनु
は	歯	दाँत
スピーチ		भाषण
ブログ		ब्लग
バスケットボール		बास्केटबल
ボウリング		बलिङ्ग
スノーボード		स्नोबोर्ड
ダンス		नाच
からて	空手	कँराते
きょく	曲	गित
まちます Ⅰ	待ちます	पर्खिनु
しにます Ⅰ	死にます	मर्नु
ひきます Ⅰ	弾きます	बजाउनु
できます Ⅱ		गर्न सक्नु
すわります Ⅰ	座ります	बस्नु(स्थान+に)

たちます＊　Ⅰ	立ちます	उठ्नु
はらいます　Ⅰ	払います	तिर्नु
セットします　Ⅲ		सेट मिलाउनु
あびます［シャワーを～］　Ⅱ	浴びます［シャワーを～］	नुहाउनु
みがきます　Ⅰ	磨きます	माझ्नु
でかけます　Ⅱ	出かけます	बाहिर जानु
けします　Ⅰ	消します	निभाउनु, बन्द गर्नु
のります　Ⅰ	乗ります	चढ्नु(साधन+に)
おります＊　Ⅱ	降ります	झर्नु(साधन+を)
はじめます　Ⅱ	始めます	शुरु गर्नु
みせます　Ⅱ	見せます	देखाउनु
のせます　Ⅱ	載せます	हाल्नु(ब्लग · मेडिया+に) (लेख · फोटो+を)
—メートル(m)		— मिटर
なんメートル(m)	何メートル	कति मिटर
この まえ	この 前	अस्ति
じぶんで	自分で	आफैंले
うん		अँ(अनौपचारिक रुपमा सकार्नु । मिल्ने व्यक्तिलाई प्रयोग)
～とか		～तथा
～ まえに		～अगाडी

はこね	箱根	हाकोने
ながの	長野	नागानो
みえ	三重	मिए
にんじゃむら	忍者村	निन्जा गाउँ
ぶんかセンター	文化センター	सांस्कृतिक सेन्टर
ますけい	ます形	ます स्वरुप
じしょけい	辞書形	शब्दकोश स्वरुप

वाक्यको संरचना व्याख्या

14

क्रिया समुह
शब्दकोश स्वरुप
साधारण शैली संवाद 1

1. क्रिया शब्दकोश स्वरुप

　1) क्रियाको समुह
　　जापानी भाषाको क्रियालाई I समुह, II समुह, III समुहमा छुट्याइएको छ ।

　　I समुहः ます स्वरुपको「ます」को अगाडी 50 जापानी उच्चारणको い तहको
　　　　　 क्रिया (-i ます)

　　II समुहः ます स्वरुपको「ます」को अगाडी 50 जापानी उच्चारणको え तहको
　　　　　 क्रिया (-e ます)
　　　　　 तर「みます」「かります」「おきます」「います」इत्यादि II समुहको
　　　　　 भित्र अपवाद पनि छन् ।

　　III समुहः अनियमित क्रिया きます、します

I	かいます, おろします, かきます, まちます, あそびます, よみます, わかります इत्यादि	-i ます
II	おしえます, ねます, あげます, たべます इत्यादि *みます, かります, おきます, います इत्यादि	-e ます -i ます
III	きます します, べんきょうします, しょくじします इत्यादि	अनियमित

　2) शब्दकोश स्वरुप(V dic.)ले क्रियाको मुख्य आधार छुने कार्यको स्वरुप हो ।
　　शब्दकोशमा यस कार्य स्वरुप लेखिएको भएकोले शब्दकोश स्वरुप भनेर भनिन्छ ।
　　शब्दकोश स्वरुपलाई बिभिन्न प्रस्तुतिको पछाडी संगै प्रयोग गरिन्छ ।
　　शब्दकोश स्वरुपको बनाउने तरिका तलका अनुसार छन् ।

	V ます	V dic.			V ます	V dic.	
I	かいます	かう	い→う	II	たべます	たべる	ます→る
	かきます	かく	き→く		ねます	ねる	
	およぎます	およぐ	ぎ→ぐ		みます	みる	
	はなします	はなす	し→す		かります	かりる	
	まちます	まつ	ち→つ	III	きます	くる	
	しにます	しぬ	に→ぬ		します	する	
	あそびます	あそぶ	び→ぶ				
	よみます	よむ	み→む				
	とります	とる	り→る				

2. わたしの 趣味(しゅみ)は 本(ほん)を 読(よ)む ことです。
わたしの 趣味(しゅみ)は 音楽(おんがく)です。

मेरो रुचि पुस्तक पढ्नु हो ।
मेरो रुचि संगित हो ।

● **わたしの 趣味(しゅみ)は [V dic. こと / N] です**

रुचिलाई वयान गर्ने बेला जनाईन्छ ।「こと」को शब्दकोश स्वरुपको बारेमा क्रियालाई संज्ञाको रुपमा लगिन्छ ।

3. アランさんは ギターを 弾(ひ)く ことが できます。
アランさんは 中国語(ちゅうごくご)が できます。

आलान जी गितार बजाउन सक्नु हुन्छ ।
आलान जी चिनियाँ भाषा जान्नुहुन्छ ।

● **[V dic. こと / N] が できます**

यस「できます」ले क्षमता जनाउँदछ ।「できます」अगाडी संज्ञा वा「V dic.＋こと」को प्रयोग गरिन्छ ।

4. 図書館(としょかん)で CD を 借(か)りる ことが できます。
図書館(としょかん)で インターネットが できます。

पुस्तकालयबाट सि.डी. सापट लिन सकिन्छ ।
पुस्तकालयमा इन्टरनेट प्रयोग गर्न सकिन्छ ।

●［V dic. こと／N］が できます

यस「できます」ले कुनै अवस्थाको कार्यलाई सकिन्छ भनेर जनाउँदछ ।

5.

食べる　まえに、手を 洗います。	*खाना खान अगाडी हात धुन्छु ।*
食事の　まえに、手を 洗います。	*खान अगाडी हात धुन्छु ।*

●［V1 dic.／Nの］まえに、V2

V1 को कार्य गर्न अगाडी V2 को कार्य गर्ने भनि जनाईन्छ । V1 जहिलेपनि शब्दकोश स्वरुपको स्वरुपलाई लिईन्छ भने V2 ले सबै वाक्यको क्रियाको काल लाई जनाउँदछ । 「まえに」को अगाडी संज्ञा छ भने संज्ञाको पछाडी「の」जोडेर「Nのまえに」हुन जान्छ ।

---

① 猫とか、犬とか。 *बिरालो तथा कुकुर तथा ।*

「とか」चाहिँ उदाहरण दिने बेला प्रयोग गरिने बिभक्ति हो । बिभक्ति「や」लाई संज्ञामा मात्र प्रयोग गरिने हुन्छ तर,「とか」लाई संज्ञा बाहेकमा पनि प्रयोग गरिन्छ । ⇒ 8 पाठ-③

② 上手では ありません。 *सिपालु हुनु हुन्न ।*

「ではありません」चाहिँ「じゃありません」कै अर्थ हो ।「じゃありません」लाई संवादमा प्रयोग गरिन्छ भने,「ではありません」लाई लेखाईमा प्रयोग गरिन्छ ।

A：何か 食べる？ *केहि खाने ?*

B：うん、食べる。 *अँ, खाने ।*

1）जापानी भाषाको संवादमा विनम्र शैली र साधारण शैली गरी २ प्रकारका संवाद शैली छन् । विनम्र शैली चाहिँ औपचारिक स्थल वा त्यति व्यवहारिक नभएको व्यक्ति वा नचिनेको व्यक्तिको संवादको अवस्थामा प्रयोग गरिन्छ । विनम्र शैलीमा प्रयोग गरिने वाक्यको अन्तिममा「です」「ます」ले सकाउने विनम्र स्वरुप हो । साधारण शैलीले साथीको विचमा वा परिवार बिचको संवाद वा माथिल्लो तहबाट तल्लो तहको व्यक्तिलाई कुरा गर्ने बेला प्रयोग गरिन्छ । साधारण शैलीको संवादको अन्तिममा साधारण स्वरुपको प्रयोग गरिन्छ ।

2）शब्दकोश स्वरुपको भुत नभएकोकाल सकारात्मक स्वरुप「V ます」को साधारण स्वरुप हो ।

3）साधारण शैलीको प्रश्नवाचक वाक्यमा अन्त बिभक्ति「か」लाई छोट्याइएको वाक्यको अन्तिम उच्चारण उच्च हुन्छ । त्यसमाथि「は」「を」इत्यादि कुनै बिभक्ति पनि छोट्याइएको हुन्छ ।

भाषा तथा संस्कृति सम्बन्धि जानकारी

コンビニ कम्बिनि पसल(सुविधायुक्त पसल)

1. 宅配便を 送る	हुलाकी सामान पठाउनु
2. 切手、はがき、収入印紙を 買う	हुलाक टिकट, पोष्टकार्ड, आय–टिकट किन्नु
3. コピーを する	कपि गर्नु
4. 銀行ＡＴＭで お金を 下ろす	ए.टि.एम. मेशिनबाट पैसा झिक्नु
5. 公共料金（電話、電気、水道、ガスなど）を 払う	सार्वजनिक उपभोगको(फोन, बत्ति, पानी, ग्याँस इत्यादि) पैसा तिर्नु
6. 税金を 払う	कर तिर्नु
7. 国民健康保険料を 払う	सरकारी बिमा शुल्क तिर्नु
8. 有料ごみ処理券を 買う	फोहोर फाल्न चाहिने शःशुल्क टिकट किन्नु
9. チケット（コンサート、スポーツ、映画など）を 買う	टिकट(कन्सर्ट, खेलकुड, चलचित्र इत्यादि) किन्नु

15 अहिले अरु व्यक्तिले प्रयोग गरिरहेको छ ।

संवाद

च्याच्याईः कृपया । बास्केटबलको कोर्ट प्रयोग गर्न चाहन्छु ।
रिसेप्सनिष्टः पहिलो चोटि हो ?
च्याच्याईः हजुर । आज प्रयोग गर्न सक्छु होला ?
रिसेप्सनिष्टः अहिले अरु व्यक्तिले प्रयोग गरिरहेकोले ४ बजेबाट हुन्छ ।
च्याच्याईः ए हो । थाहा पाएँ । त्यसोभए ४ बजेदेखि अनुरोध गर्दछु ।
रिसेप्सनिष्टः त्यसो भए । यहाँ ठेगाना र नाम लेख्नुहोस् ।
च्याच्याईः हुन्छ ।

शब्दावली

プリント		प्रिन्ट कागज
なべ		कराही
ボール		बाउल
スリッパ		चप्पल
さんこうしょ	参考書	सन्दर्भ सामग्री
しりょう	資料	कागजातहरु
すいせんじょう	推薦状	सिफारिस पत्र
ごみ		फोहोर
だいどころ	台所	भान्छा कोठा
コート		कोर्ट
じゅうしょ	住所	ठेगाना
いそぐ　I	急ぐ	हतारिनु
あつめる　II	集める	जम्मा गर्नु
コピーする　III		कपि गर्नु
きる　I	切る	काट्नु
いれる　II	入れる	राख्नु(केहि+に) (बस्तु+を)
にる　II	煮る	पकाउनु
ならべる　II	並べる	लाईनमा राख्नु
とる　I	取る	टिप्नु
いう　I	言う	भन्नु
しゅうりする　III	修理する	बनाउनु
あがる　I	上がる	माथि जानु(अर्काको घरमा)
はく　I	履く	लगाउनु(चप्पल, जुत्ता इत्यादि)
すてる　II	捨てる	फाल्नु
はこぶ　I	運ぶ	ओसार्नु(ठाउँ+を) (बस्तु+へ)
ふく　I		लुगा
あぶない	危ない	डरलाग्डो
ほかの		अन्य
もう　いちど	もう　一度	फेरि एकचोटि

すぐ		तुरन्त
どうぞ		लिनुहोस्
どうも		धन्यवाद(कृतज्ञता, क्षमालाई बढी प्राथमिकता दिएर भन्ने)
しつれいします。	失礼します。	माफ गर्नुहोस् ।(कोठामा छिर्नु अघि, निस्कन अघि प्रयोग गर्ने निश्चित वाक्यांश)
いただきます。		खाऔं है ।(खानपिन अघि प्रयोग गर्ने निश्चित वाक्यांश)
すみませんが、～		कृपया, ～
いいですよ。		हुन्छ नि ।

てけい	て形	て स्वरुप

वाक्यको संरचना व्याख्या

て स्वरुप 1
साधारण शैली संवाद 2

1. क्रिया て स्वरुप

て स्वरुप(V て) ले क्रिया र क्रियालाई जोड्ने, बिभिन्न अर्थ बोक्ने प्रस्तुतिसँगै प्रयोग गरिन्छ । て स्वरुपको बनाउने तरिका क्रियाको समुह अनुसार फरक हुन्छ । て स्वरुपको बनाउने तरिका तलका अनुसार छन् ।

	V dic.	V て			V dic.	V て	
I	かう まつ とる	かって まって とって	う つ→って る	II	ねる たべる みる	ねて たべて みて	る→て
	よむ あそぶ しぬ	よんで あそんで しんで	む ぶ→んで ぬ	III	くる する	きて して	
	かく いそぐ はなす *いく	かいて いそいで はなして いって	く→いて ぐ→いで す→して				

विशेषण संज्ञाको「いＡくて」「なＡで」「Ｎで」पनि यस पुस्तकमा て स्वरुप भनेर भनिन्छ । ⇒ 11 पाठ-**5**

113

2. 先生：リンさん、プリントを 集めて ください。
リン：はい、分かりました。

शिक्षकः लिन जी प्रिन्ट संकलन गर्नुहोस् ।

लिनः हजुर थाहा पाएँ ।

● **V て ください**

वक्ताले श्रोतालाई निर्देशन गर्ने अनुरोध गर्ने प्रस्तुति हो ।

3. 木村：どうぞ、たくさん 食べて ください。
ポン：どうも ありがとう ございます。

किमुराः लिनुस्, धेरै खानुहोस् ।

पोनः धन्यवाद ।

● **V て ください**

वक्ताले प्रोत्साहनको प्रस्तुतीको रुपमा प्रयोग गरिन्छ । वाक्य बनावट **2** र **3** को फरकमा त्यसको अवस्था प्रसङ्ग अनुसार निर्णय गरिन्छ ।

4. キム：漢字を 書いて くださいませんか。
先生：ええ、いいですよ。

किमः कृपया खान्जी लेखिदिन सक्नुहुन्छ कि ?

शिक्षकः अँ, हुन्छ नी ।

● **V て くださいませんか**

「V て ください」भन्दा अझ विनम्र अनुरोधको प्रस्तुती हो । आफुभन्दा माथिल्लो तहको व्यक्तिलाई प्रयोग गरिन्छ । अगाडी राख्ने रुपमा, 「すみませんが」को प्राय, प्रयोग गरिन्छ । तर, 「V てくださいませんか」मा वाक्य बनावट **3** को "प्रोत्साहन" को अर्थमा प्रयोग गरिंदैन ।

5. キムさんは 今 漢字を 書いて います。

किम जी अहिले खान्जी लेख्दै हुनुहुन्छ ।

● **V て います**

कार्य अहिले हुँदैछ भनी जनाउने वाक्य बनावट हो ।

お皿、台所へ　運んで。　*थाल भान्सामा लग।*
साधारण शैलीको संवादमा「Ｖ てください。」को「ください」लाई छोट्याउँछ।
विनम्रता तलका क्रमअनुसार घट्दै जान्छ।

विनम्र
①窓を　開けて　くださいませんか。
　　झ्याल खोलिदिनु हुन्छ कि ?
②窓を　開けて　ください。　*झ्याल खोल्नुहोस्।*
अनौपचारिक ③窓を　開けて。　*झ्याल खोल।*

ここに　名前を　書いて　ください。　*यहाँ नाम लेख्नुहोस्।*
「に」ले कार्यलाई ध्यान खिच्नको लागि पहिला प्रस्तुत गरिने विभक्ति हो।

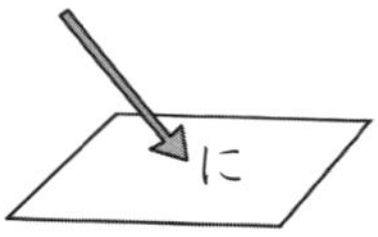

भाषा तथा संस्कृति सम्बन्धि जानकारी

台所（だいどころ） भान्सा कोठा

15

1. 料理用具（りょうりようぐ） भान्साको भाँडाकुँडा

電子レンジ（でんし） माइक्रो ओभन
ボウル कचौरा
まな板（いた） चपिङ्ग बोर्ड
なべ कसौडी
包丁（ほうちょう） चक्कु
フライパン ताप्के
ポット थर्मस
炊飯器（すいはんき） राईस कुकर

2. 調味料（ちょうみりょう） मसला

砂糖（さとう）चिनी　塩（しお）नुन　しょうゆ सोयासस　酢（す）सिर्का/चुक
ソース सस्　こしょう कालो मरिच　油（あぶら）तेल　マヨネーズ मायोनेज
みそ मिसो(जापानी मसला)　ケチャップ केचअप(गोलभेंडाको चटनी)
とうがらし खुर्सानी　ドレッシング ड्रेसिङ्ग
バター बटर　マーガリン मागरिन　ジャム जाम

3. 料理の動詞（りょうり）（どうし） पकाउँदा प्रयोग गरिने क्रिया

焼く（や）पोल्नु　いためる भुट्नु　ゆでる उमाल्नु　蒸す（む）उसिन्नु
沸かす（わ）उमाल्नु, तताउनु　揚げる（あ）तार्नु　混ぜる（ま）मिसाउनु　煮る（に）पकाउनु
炊く（た）बसाल्नु/पकाउनु

4. 味（あじ） स्वाद

甘い（あま）गुलियो　辛い（から）पिरो　塩辛い（しおから）／しょっぱい नुनिलो
酸っぱい（す）अमिलो　苦い（にが）तितो

116

16 एकचोटि छोएर हेरे पनि हुन्छ ?

संवाद

किमुराः ओ हो, रोबोट है ।
लेः अँ हो, यो रोबोटसंग कुरा गर्न सकिन्छ ।
किमुराः एकचोटि छोएर हेरे पनि हुन्छ ?
लेः छुनुस् । सहयोग पनि गरिदिन्छ ।
किमुराः साँच्चै हो र ।
लेः हो नि । बिहान ७ बजे कफि बनाएर, पाउरोटि सेकेर ल्याईदिन्छ ।
किमुराः एकदम राम्रो । घरको बिरालो भन्दा काम लाग्छ ।

शब्दावली

16

(お)かし	(お)菓子	मिठाई
たばこ		चुरोट
ちゅうがくせい	中学生	माध्यमिक विद्यालय विद्यार्थी
びじゅつかん	美術館	संग्राहलय
ふく	服	लुगा
デザイン		डिजाइन
かいしゃ	会社	कार्यालय
ばしょ	場所	स्थान
ばんごう	番号	संख्या, अंक
でんわばんごう	電話番号	फोन नम्बर
メールアドレス		मेल ठेगाना
かめ		कछुवा
(お)しろ	(お)城	किल्ला, महल
おひめさま	お姫様	राजकुमारी
おどり	踊り	नाच
そぼ	祖母	हजुरआमा
そふ*	祖父	हजुरबुबा
おばあさん*		बज्यै
おじいさん*		बाजे
ほんやく	翻訳	अनुवाद
きかい	機械	मेसिन
きかいこうがく	機械工学	मेसिन इन्जिनियरिङ
なか	仲	सम्बन्ध
(お)てつだい	(お)手伝い	सहयोग
ほんとう	本当	साँच्चै
まいとし	毎年	प्रत्येक बर्ष
まいつき*	毎月	प्रत्येक महिना
チェックする　Ⅲ		जाँच गर्नु
おく　Ⅰ	置く	राख्नु(स्थान+に) (बस्तु+を)
とめる　Ⅱ	止める	रोक्नु(स्थान+に) (सवारी साधन+を)
すう[たばこを～]　Ⅰ	吸う[たばこを～]	तान्नु[चुरोट～]
けっこんする　Ⅲ	結婚する	विवाह

16

すむ　Ⅰ	住む	बस्नु(स्थान+に)
けいえいする　Ⅲ	経営する	सञ्चालन गर्नु
しる　Ⅰ	知る	थाहा पाउनु
きく　Ⅰ	聞く	सोध्नु
たすける　Ⅱ	助ける	बचाउनु
のりかえる　Ⅱ	乗り換える	फेर्नु(सवारी साधन+に)
たいしょくする　Ⅲ	退職する	काम छोड्नु
さわる　Ⅰ	触る	छुनु, छाम्नु
いれる　Ⅱ	入れる	राख्नु(कफि)
やく　Ⅰ	焼く	पोल्नु
もって くる　Ⅲ	持って 来る	लिएर आउनु
もって いく＊　Ⅰ	持って 行く	लिएर जानु
やくに たつ　Ⅰ	役に 立つ	काम लाग्नु
すごい		खतरा, भयानक, डरलाग्डो
どうやって		कसरी
すぐ		तुरुन्तै
もう		अगिनै, अगावै
あのう		अँ
わあ		ओहो

しんじゅく	新宿	सिनज्युकु
うえの	上野	उएनो
ひがしぎんざ	東銀座	हिगासी गिन्जा
うえのどうぶつえん	上野動物園	उएनो चिडियाखाना
こうきょ	皇居	दरबार, महल
ローラ		रोलर
モハメド		मोहम्मड
たろう	太郎	तारोउ
ＪＲ (ジェイアール)		जे आर
さくらだいがく	さくら大学	साकुरा विश्वविद्यालय
ユースホステルへ ようこそ		युथ होस्टेलमा स्वागत
ゆ	湯	बाथ रुम

वाक्यको संरचना व्याख्या

て स्वरुप 2

1. 写真を 撮っても いいです。 *फोटो खिचे पनि हुन्छ ।*

●V ても いいです

अनुमति जनाउने प्रस्तुति हो । प्रश्नवाचक वाक्य「V てもいいですか」गर्ने बेला विपक्षबाट अनुमति चाहने बेला प्रस्तुति गरिन्छ । अनुमति गरी, अनुमति दिने बेला「ええ、いいですよ。」「ええ、どうぞ。」अनुमति नदिई घुमाउरो पाराले「すみません。ちょっと……」भनि उत्तर गरिन्छ ।

A　：写真を 撮っても いいですか。 *फोटो खिचे पनि हुन्छ ?*

B１：ええ、いいですよ。 *अँ, हुन्छ नि ।*

B２：すみません。ちょっと……。 *माफ गर्नुहोस् । अलिकति ...... ।*

2. 教室で ジュースを 飲んでは いけません。 *कक्षामा जुस पिउन पाउँदैन ।*

●V ては いけません

प्रतिबन्ध जनाउने प्रस्तुति हो । शहरभित्र वा सार्वजनिक स्थानहरु इत्यादि सार्वजनिक स्थानको नियम इत्यादिलाई वयान गर्ने बेला प्रयोग गरिन्छ ।

3. ナルコさんは 結婚して います。 *नारुको जीले विवाह गर्नु भएको छ ।*

●V て います

विगतको कार्यको नतिजा वर्तमान सम्म जारी रहेको अवस्था जनाउँदछ ।
त्यसमाथि दोहोरिने कार्य वा पेशाको बारेमा वयान गरी प्रस्तुत गरिन्छ ।

ナルコさんは 大学で 働いて います。

नारुको जी विश्वविद्यालयमा काम गरिरहनु भएको छ ।

4. 宿題を して、メールを 書いて、寝ました。 *गृहकार्य गरी ई–मेल लेखी सुते ।*

●V1 て、(V2 て、) V3

क्रियाको て स्वरुपलाई जोडिएर, लगातार गर्ने कार्यलाई जनाउने प्रस्तुति हो । जोड्नको लागि क्रिया साधारणतया 2 वा 3 वटा हुन्छ । काल चाहिँ वाक्यको अन्तिममा जनाइन्छ ।

① A：さくら大学の 場所を 知って いますか。

B：いいえ、知りません。

A: साकुरा विश्वविद्यालयको स्थान थाहा छ ?

B: अहँ, थाहा छैन ।

「しっています」 को नकारात्मक स्वरुपमा 「しりません」 हो । 「しっていません」 लेख्न मिल्दैन ।

16

भाषा तथा संस्कृति सम्बन्धि जानकारी

駅 स्टेशन

中央口 केन्द्रिय गेट　東口 पूर्व गेट　西口 पश्चिम गेट

南口 दक्षिण गेट　北口 उत्तर गेट　待合室 प्रतिक्षालय

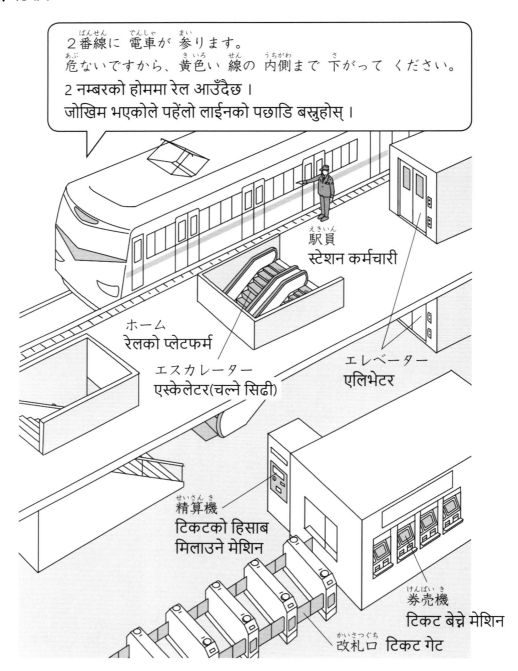

17 सकि नसकि नगर्नुस् है ।

संवाद

लिनः मारि जी, संगै फर्किने होइन ?
स्मिथः कृपया । पहिला फर्किनुहोस् ।
म केहिबेर अभ्यास गरेर फर्किन्छु ।
लिनः मारि जी धेरै अभ्यास गर्नुहुन्छ है ।
स्मिथः हजुर । यो हप्ताको शनिवार नगरवासी ग्राउन्डमा प्रतियोगिता भएकोले ।
लिनः ए हो । त्यसोभए, मेहेनत गर्नुहोस् ।
तर, सकि नसकि नगर्नुस् है ।
स्मिथः धन्यवाद ।

शब्दावली

17

はと		परेवा
えさ		जनावरको खाना
いけ	池	पोखरी
えだ	枝	डाँठ
せんせい	先生	शिक्षक, चिकित्सक(शिक्षक बाहेक विश्वविद्यालयको शिक्षक चिकित्सक वकिल इत्यादिलाई आदर गरेर बोलाउने बेला ।)
ぜいきん	税金	कर
しけん	試験	परिक्षा
さくぶん	作文	निबन्ध
おうさま	王様	राजा
ちゅうがく	中学	माध्यमिक विद्यालय
こうこう	高校	उच्च माध्यमिक विद्यालय
でんげん	電源	बिधुत शक्ति
ファイル		फाइल
アドレス		ठेगाना
しあい	試合	प्रतियोगिता
せん	栓	प्लग
(お)ゆ	(お)湯	बाथ रुम, तातो पानी
タオル		रुमाल
にさんにち	2、3日	दुई तिन दिन, केहि दिन पछि
なく　I	泣く	रुनु
わらう　I	笑う	हाँस्नु
おす　I	押す	थिच्नु, घचेट्नु
おこる　I	怒る	रिसाउनु
やる[えさを～]　I		दिनु[जनावरलाई खाना～] (जनावर, बोटबिरुवा वा आफुभन्दा सानो व्यक्तिलाई केहि दिंदा प्रयोग गर्नु)
おる　I	折る	भाँच्नु

うんてんする　Ⅲ	運転する	गाडि चलाउनु
うける［しけんを～］　Ⅱ	受ける［試験を～］	दिनु[परिक्षा～]
ならぶ　Ⅰ	並ぶ	लाईनमा बस्नु
あやまる　Ⅰ	謝る	माफ माग्नु
やる［テニスを～］　Ⅰ		गर्नु[टेनिस～] (गर्नु(「する」को अनौपचारिक रुपमा भन्ने तरिका))
そつぎょうする　Ⅲ	卒業する	स्नातक उपाधि प्राप्त गर्नु
きる　Ⅰ	切る	निभाउनु
ほぞんする　Ⅲ	保存する	हिफाजत गर्नु
そうしんする　Ⅲ	送信する	पठाउनु
さくじょする　Ⅲ	削除する	मेट्नु
とうろくする　Ⅲ	登録する	दर्ता गर्नु
かける　Ⅱ		छर्कनु, हाल्नु, छम्कनु(बस्तु+に) (झोल, पाउडर+を)
ぬく　Ⅰ	抜く	निकाल्नु, उखेल्नु, फुकाल्नु, झिक्नु
でる　Ⅱ	出る	निस्कनु
ある　Ⅰ		हुनु
がんばる　Ⅰ	頑張る	मेहनत गर्नु
むりを　する　Ⅲ	無理を　する	सकि नसकि गर्नु
ない		छैन, नहुनु(「ある」को नकारात्मक स्वरुप)
まだ		अहिलेसम्म
ぜんぶ	全部	सबै
さきに	先に	पहिला
もう　すこし	もう　少し	अलिकति
ううん		अँ(अनौपचारिक रुपमा भन्ने तरिका)

しみんグラウンド	市民グラウンド	नगरवासी ग्राउन्ड
おめでとう　ございます。		बधाई, शुभकामना
ないけい	ない形	ない स्वरुप

वाक्यको संरचना व्याख्या

ない स्वरुप
て स्वरुप 3
साधारण शैली संवाद 3

1. 　क्रिया ない स्वरुप

ない स्वरुपमा बिभिन्न प्रस्तुतिलाई पछाडी संगै प्रयोग गरिन्छ । ない स्वरुपको बनाउने तरिका क्रियाको समुह अनुसार फरक हुन्छ ।

I समुहः शब्दकोश स्वरुपको अन्तिम उच्चारण 「-u」 लाई 「-a ＋ ない」 मा परिवर्तन हुन्छ ।(यद्यपि, 「—う」 लाई 「—あない」 नभई, 「—わない」 हुन जान्छ ।)

II समुहः शब्दकोश स्वरुपको 「る」 लाई 「ない」 मा परिवर्तन गरिन्छ ।

III समुहः 「くる→こない」「する→しない」 हुन्छ ।

	V dic.	V ない				V dic.	V ない	
I	かう	かわない	う→わ		II	ねる	ねない	
	かく	かかない	く→か			みる	みない	る→ない
	はなす	はなさない	す→さ					
	まつ	またない	つ→た					
	しぬ	しなない	ぬ→な	ない	III	くる	こない	
	あそぶ	あそばない	ぶ→ば			する	しない	
	よむ	よまない	む→ま					
	かえる	かえらない	る→ら					
	*ある	ない						

2. 　写真を 撮らないで ください。　　*फोटो नखिच्नु होस् ।*

●V ないで ください

कुनै कार्य नगर्न अनुरोध गर्ने, निर्देशन गर्ने प्रस्तुति हो ।

3. 税金を 払わなくても いいです。 *कर नतिरे पनि हुन्छ ।*

● V なくても いいです

"त्यस कार्य गर्न आवश्यक छैन" भन्ने प्रस्तुति हो ।

4. 晩ご飯を 食べてから、テレビを 見ます。 *रातिको खाना खाएपछि, टि.भी. हेर्छु ।*

● V1 てから、V2

कार्यको अगाडी पछाडी सम्बन्धलाई जनाउने प्रस्तुति हो । V1 को कार्यले सकिएपछि, V2 कार्यले गर्ने कुरा जनाउँदछ । काल चाहिँ वाक्यको अन्तिममा जनाईन्छ ।

---

① 市民グラウンドで 試合が あります。 *नगरवासी ग्राउन्डमा प्रतियोगिता छ ।*

समारोह वा घटनाको सञ्चालन केहि हुने जनाउने प्रस्तुति हो । बिभक्ति「で」ले समारोह वा घटनाको स्थानलाई जनाउँदछ ।

① A：サッカーの 試合、見に 行く？ *फुटबलको प्रतियोगिता हेर्न जाने ?*
B：ううん、行かない。 *अहँ, जाँदिन ।*

「ない स्वरुप」ले भुत नभएकोकाल नकारात्मक स्वरुप「V ません」को साधारण स्वरुप हो ।

② 砂糖、入れないで。 *चिनी नराख्नु ।*

साधारण शैलीको संवादमा「V ないでください。」चाहिँ「V ないで。」हुन्छ । ⇒ 15 पाठ

17

भाषा तथा संस्कृति सम्बन्धि जानकारी

コンピューターと メール कम्प्युटर र ई–मेल

1. コンピューター कम्प्युटर

新規作成 न्यु　開く खोल्नु, ओपन　上書き保存 सेभ
印刷 प्रिन्ट　印刷プレビュー प्रिन्ट प्रिभ्यु
スペルチェック स्पेलिङ्ग चेक
切り取り कट्　コピー कपि　貼り付け पेस्ट
書式の コピー／貼り付け फोर्मात कपि/पेस्ट　戻る अन डु　やり直す रि डु
ファイル（F）फाईल　編集（E）ऐडित　表示（V）भ्यु
挿入（I）इन्सर्ट　書式（O）फोर्माट

2. メール ई–मेल

メールの 作成 न्युमेल　返信 रिप्लाई　全員へ 返信 रिप्लाई टु अल
転送 फोरवार्ड　印刷 प्रिन्ट　削除 डिलेट
送受信 सेन्डिङ्ग एण्ड रिसिभिङ्ग

18 सुमोउ हेरेको छैन ।

18

संवाद

किमुराः टम जी, सुमोउ मनपर्छ ?

जोर्डनः धेरै मनपर्छ ।

किमुराः हेर्न जानु भएको छ ?

जोर्डनः छैन, जहिले पनि टेलिभिजनबाट हरिरहेको छु तर...... । किमुरा जी नि ?

किमुराः म धेरै पटक गएको छु नि ।
अर्को पटक संगै जाने हैन त ?

जोर्डनः ओहो, साँच्चै हो ?

किमुराः सुमोउ जी संग फोटो खिच्ने, हात मिलाउने कार्य गर्न सक्छ नि ।

जोर्डनः ओहो, धन्यवाद ।
रमाईलो गर्ने प्रतिक्षामा छु ।

शब्दावली

かぶき	歌舞伎	खाबुकि(जापानको परम्परागत सांगितिक नाटक)
ぼんおどり	盆踊り	बोन नाच(ग्रिष्म ऋतुमा नाचिने जापानको परम्परागत नाच)
パンフレット		पर्चा
ひっこし	引っ越し	बसाइँ सर्नु
ガス		ग्याँस
ガスがいしゃ	ガス会社	ग्याँस कार्यालय
すいどう＊	水道	धाराको पानी
ろんぶん	論文	निबन्ध, शोध
わすれもの	忘れ物	छुट्टिएको, बिर्सिएको
こいびと	恋人	प्रेमी
なっとう	納豆	किनेमा
ぞう	象	हात्ति
あくしゅ	握手	हात मिलाउनु
ホームステイする　Ⅲ		कसैको घरमा केहि दिनको लागि बस्नु
さがす　Ⅰ	探す	खोज्नु
にづくりする　Ⅲ	荷造りする	सामानलाई प्याक गर्ने
れんらくする　Ⅲ	連絡する	खबर गर्नु
きが つく　Ⅰ	気が つく	चाल पाउनु (बस्तु+に)
だす　Ⅰ	出す	बुझाउनु
しっぱいする　Ⅲ	失敗する	असफल, विफल
わかれる　Ⅱ	別れる	छुट्टिनु(व्यक्ति+と)
かんせいする　Ⅲ	完成する	पुरा गर्नु
おもいだす　Ⅰ	思い出す	याद आउनु
たのしみに する　Ⅲ	楽しみに する	आस गर्नु, रोमाञ्चित हुनु
だいすき［な］	大好き［な］	एकदम मनपर्नु
—かい	—回	— पटक
なんかい	何回	कतिपटक

どの		कुन
ぜひ		अवश्य
やっと		बल्ल
えっ		हँ
〜 あとで		〜पछि
いつが いいですか。		कहिले हुन्छ ?
いつでも いいです。		जहिले भएपनि हुन्छ ।

たけい	た形	た स्वरुप

18

131

वाक्यको संरचना व्याख्या

た स्वरुप

साधारण शैली संवाद 4

1. क्रिया た स्वरुप

「た स्वरुप」को पछाडी बिभिन्न प्रस्तुतिलाई पछाडी संगै प्रयोग गरिन्छ।「た स्वरुप」(V た) को बनाउने तरिकाले「て स्वरुप」को बनाउने तरिका एउटै भई,「て स्वरुप」को「て」लाई「た」मा परिवर्तन गरि बनाईन्छ।

	V dic.	V て	V た			V dic.	V て	V た	
I	かう	かって	かった	て→た	II	たべる	たべて	たべた	て→た
	かく	かいて	かいた			みる	みて	みた	
	かす	かして	かした		III	くる	きて	きた	
	よむ	よんで	よんだ			する	して	した	

2. わたしは 北海道(ほっかいどう)へ 行(い)った ことが あります。 *म होक्काइडो गएको छु।*

● V た ことが あります

बितेको समयको अनुभव वयान गर्ने प्रस्तुति हो। अनुभवको सामग्रीलाई「V た＋こと」ले जनाउँदछ। तलका अनुसार बितेका कार्य वा घटनालाई वयान गर्ने वाक्यमा प्रयोग गरिंदैन।

わたしは 昨日(きのう) カメラを 買(か)いました。 *मैले हिजो क्यामेरा किनें।*

3. わたしは テレビを 見(み)たり、本(ほん)を 読(よ)んだり します。

म टि.भी. हेर्ने, पुस्तक पढ्ने गर्छु।

● V1 たり、V2 たり します

धेरै कार्यको भित्रबाट मुख्य कार्यलाई उदाहरणको रुपमा जनाई वयान गर्ने प्रस्तुति हो। काल चाहिँ वाक्यको अन्तिम「します」ले जनाउँदछ।

4. わたしは 泳(およ)いだ あとで、30分(ぷん) 寝(ね)ました。
わたしは ジョギングの あとで、30分(ぷん) 寝(ね)ました。

म पौडे पछि, 30 मिनेट सुतें।
जंगिग पछि, 30 मिनेट सुतें।

● [V1 た / N の] あとで、V2

V1/N को कार्यलाई पुर्ण गरी, त्यसपछि N2 को कार्य गरेको भनेको प्रस्तुति हो । काल चाहिँ वाक्यको अन्तिममा जनाउँदछ ।「V たあとで」ले कुन कार्य पहिलो भई, कुनै चाहिँ पछाडी भन्ने कार्यको क्रमिक रुपमा केन्द्रित गरिएकोमा अर्कोतिर「V てから」ले कुनै कार्य गरिरहेको, संगसंगै अर्को कार्य गर्ने भन्ने कार्य लगातार केन्द्रित गरिरहेको छ ।
⇒ 17 पाठ-**4**

① 何回(なんかい)も 行(い)った ことが あります。 *धेरै पटक गएको छु ।*
「なんかいも」चाहिँ "धेरै पटक" भन्ने अर्थ हो ।「なん＋संख्यावाचक＋も」ले त्यसको अंकलाई "वक्ताले धेरै महसुश हुनु "भन्ने जनाउँदछ ।
何時間(なんじかん)も 勉強(べんきょう)しました。 *धेरै घन्टा अध्ययन गरें ।*

A：何時(なんじ)に うちへ 帰(かえ)った？ *कति बजे घर फर्केको?*
B：６時(じ)に 帰(かえ)った。 *6 बजे फर्कें ।*
「た स्वरुप」भुत सकारात्मक स्वरुपमा,「V ました」को साधारण स्वरुप हो ।

いつでも いいです。 *जहिले भएपनि हुन्छ ।*
「प्रश्नवाचक いつ／なん／どこ／だれ／どちら＋でも」ले "जहिले भएपनि/जे भएपनि/जहाँ भएपनि/जो भएपनि/जुन भएपनि" भन्ने अर्थ हो ।
いつでも いいです。 *जहिले भएपनि हुन्छ ।*
何(なん)でも いいです。 *जे भएपनि हुन्छ ।*
どこでも いいです。 *जहाँ भएपनि हुन्छ ।*
だれでも いいです。 *जो भएपनि हुन्छ ।*
どちらでも いいです。 *जुन भएपनि हुन्छ ।*

बिभक्ति「を」ले बाहिर जाने ओर्लिने स्थानलाई जनाई,「に」ले भित्र जाने चढ्ने स्थान जनाउँदछ ।

電車(でんしゃ)を 降(お)ります。 *रेलबाट ओर्लिन्छु ।*　部屋(へや)を 出(で)ます。 *कोठाबाट निस्किन्छु ।*
電車(でんしゃ)に 乗(の)ります。 *रेल चढ्छु ।*　部屋(へや)に 入(はい)ります。 *कोठमा छिर्छु ।*

भाषा तथा संस्कृति सम्बन्धि जानकारी

とどうふけん 都道府県 जापानको अञ्चल

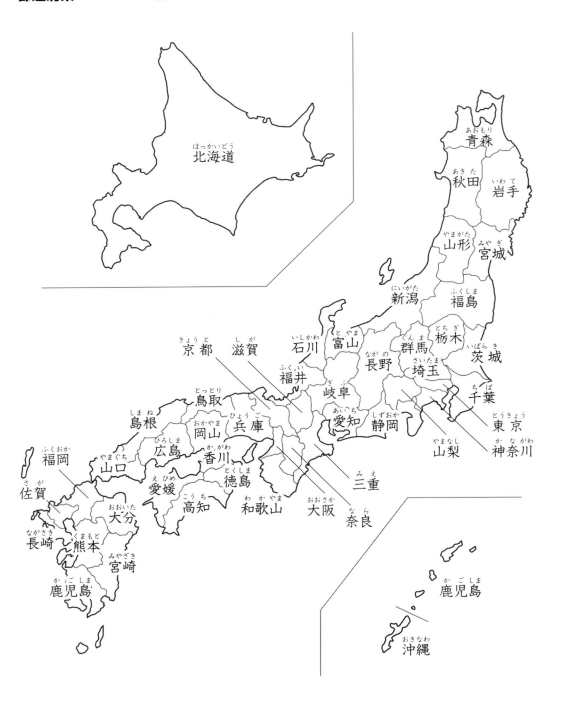

まとめ３

शब्दावली

ピザ		पिजा
せんもんがっこう	専門学校	प्राबिधिक विद्यालय
カップ		कप
コーヒーカップ		कफि कप
フリーマーケット		फ्लि मार्केट
あなた		तिमी, तपाईं
みつける　Ⅱ	見つける	पाउनु
ほんとうに	本当に	साँच्चै नै

19 स्टेशन उज्यालो भएर सफा छ जस्तो लाग्छ ।

संवाद

लिनः मारि जी, टोकियोको ट्रेनको बारेमा कस्तो लाग्छ ?

स्मिथः अँ । सुबिधाजनक छ जस्तो लाग्छ तर, व्यस्त समयको बेला एकदम भिड हुने भएकोले गाह्रो छ ।

लिनः हो है ।

स्मिथः त्यसमाथि, रेलको माइककोआवाज वा स्टेसनको घण्टिले कोलाहल छ जस्तो लाग्छ ।

लिनः ए हो । किम जी लाई कस्तो लाग्छ ?

किमः मारि जीले कोलाहल छ भन्नुभयो तर, मलाई एकदम दयालु छ जस्तो लाग्छ । त्यसमाथि स्टेशन उज्यालो भई, सफा छ जस्तो लाग्छ ।

शब्दावली

ちきゅう	地球	पृथ्वी
じんこう	人口	जनसंख्या
つき	月	महिना
しゅるい	種類	प्रकार
（お）いしゃ（さん）	（お）医者（さん）	चिकित्सक
かぜ	風邪	रुद्घा
インフルエンザ		फ्लु
くすり	薬	औषधि
ようじ	用事	कार्य, काम हुनु
ぼうねんかい	忘年会	बर्षको अन्तिम भोज
ミーティング		बैठक
そうべつかい	送別会	बिदाइ भोज
こくさいけっこん	国際結婚	अन्तराष्ट्रिय विवाह
しゅうかん	習慣	चलन
りゅうがく	留学	बिदेशमा गएर पढ्नु
はれ	晴れ	घाम लाग्नु
くもり＊	曇り	बादल लाग्नु
もり	森	जंगल
かわ	川	खोला
みなと	港	बन्दरगाह
きもち	気持ち	भावना
ラッシュアワー		व्यस्त समय
ベル		घन्टि
むかし	昔	प्राचिन, पहिला
そう		हो
おもう　I	思う	विचार गर्नु
ふえる　II	増える	बढ्नु
へる＊　I	減る	घट्नु
なくなる　I		हराउनु, गुमाउनु
なおる　I	治る	निको हुनु

137

19

のむ［くすりを～］　I	飲む［薬を～］	खानु[औषधि～]
でる　II	出る	भाग लिनु(सभा+に)
ちがう　I	違う	फरक
あるく　I	歩く	हिँड्नु
みえる　II	見える	देखिनु
つかれる　II	疲れる	थाक्नु
きびしい	厳しい	कठोर, कडा
ひつよう［な］	必要［な］	आवश्यक
これから		अबबाट
ちょっと		अलिकति
それに		त्यसमाथि
さあ		खै, विचार गर्नु पर्छ
～に　ついて		～को बारेमा
そうですね。		हो नि ।
おだいじに。	お大事に。	आफ्नो ख्याल गर्नु ।(बिरामी व्यक्तिलाई भन्ने निश्चित वाक्यांश)
こんで　います	込んで　います	भिड छ

ていねいけい	丁寧形	विनम्र स्वरुप
ふつうけい	普通形	साधारण स्वरुप

वाक्यको संरचना व्याख्या

साधारण स्वरुप
साधारण शैली संवाद 5

1. साधारण स्वरुप

1) जापानी भाषामा विनम्र शैली, साधारण शैली भन्ने दुइवटा वाक्य शैली भई, विनम्र शैलीमा वाक्यको अन्तिममा विनम्र स्वरुप हो भने, साधारण शैलीमा वाक्यको अन्तिममा साधारण स्वरुपको प्रयोग गरिन्छ । ⇒ 14 पाठ 🗣️
   साधारण शैलीले साथीसंगको संवादमा प्रयोग गरी अन्य, प्रेस जानकारी, शोध प्रवन्ध इत्यादिमा प्रयोग गरिन्छ ।

2) साधारण स्वरुपको पछाडी बिभिन्न प्रस्तुति, विनम्र शैलीको वाक्य भित्र पनि, साधारण शैलीको वाक्य भित्र पनि प्रयोग गरिन्छ । शब्दकोश स्वरुपमा विनम्र स्वरुप 「Ｖます」, ない स्वरुपमा 「Ｖません」, た स्वरुप 「Ｖました」को साधारण स्वरुप हो । यस पाठमा 「Ｖませんでした」 मा सुहाउने क्रियाको साधारण स्वरुप(भुत नकारात्मक) र विशेषण, संज्ञाको साधारण स्वरुपको अध्ययन गरिन्छ ।

3) साधारण स्वरुपको बनाउने तरिका
   क्रिया भुत नकारात्ममा, 「ない」 लाई 「なかった」 मा परिवर्तन गरी प्रयोग गरिन्छ ।

   よまない → よまなかった
   たべない → たべなかった
   　こない → 　こなかった

   い विशेषणको साधारण स्वरुपमा विनम्र स्वरुपको 「です」 लाई हताईन्छ ।

भुत नभएको सकारात्मक	おおきいです	→ おおきい
भुत सकारात्मक	おおきかったです	→ おおきかった
भुत नभएको नकारात्मक	おおきくないです	→ おおきくない
भुत नकारात्मक	おおきくなかったです	→ おおきくなかった

   な विशेषण र संज्ञाको साधारण स्वरुप तलका अनुसार बनाईन्छ ।

भुत नभएको सकारात्मक	ひまです	→ ひまだ
भुत सकारात्मक	ひまでした	→ ひまだった
भुत नभएको नकारात्मक	ひまじゃありません	→ ひまじゃない
भुत नकारात्मक	ひまじゃありませんでした	→ ひまじゃなかった

2. バスは すぐ 来ると 思います。 *बस तुरुन्तै आउँछ होला ।*

● साधारण स्वरुप と 思います

1）「とおもいます」मा वक्ताले आफ्नो विचार वा मनलाई वयान गरी अनुमान गरिएको चिजलाई वयान गर्ने बेलाको प्रस्तुति हो ।
विचार, मत, अनुमानको सामग्रीमा उद्धरण जनाउने बिभक्ति「と」को अगाडी साधारण स्वरुपको रुपमा जनाईन्छ । नकारात्मक वाक्यमा लाने बेला बिभक्ति「と」को अगाडी नकारात्मक स्वरुपमा प्रयोग गरिन्छ ।
バスは すぐ 来ないと 思います。 *बस तुरुन्तै आउँदैन होला ।*

2）विचार वा मत सोध्ने बेला「～についてどうおもいますか」को प्रयोग गरिन्छ ।
「どう」को पछाडी बिभक्ति「と」संगै प्रयोग गरिंदैन ।
A：地下鉄に ついて どう 思いますか。 *सबवेको बारेमा कस्तो विचार छ ?*
B：便利だと 思います。 *सुविधाजनक छ जस्तो छ ।*

3）पक्षले भनेको कुरामा सहमति गर्ने बेला「そうおもいます」प्रयोग गरिन्छ ।
A：漢字の 勉強は 大変ですが、役に 立つと 思います。
खान्जीको अध्ययन गाह्रो छ तर, काम लाग्छ जस्तो छ ।
B：わたしも そう 思います。 *मलाई पनि त्यस्तै लाग्छ ।*

3. アランさんは 時間が ないと 言いました。 *आलान जी ले समय छैन भन्नुभयो ।*

● साधारण स्वरुप と 言います

1）「といいます」कसैले भनेको कुरा अप्रत्यक्ष रुपमा उद्धरण गरिएको प्रस्तुति हो ।
उद्धरण गरिएको भागमा साधारण स्वरुपको प्रयोग गरी, बिभक्ति「と」ले जनाउँदछ ।
उद्धरण गरिएको वाक्यमा मुख्य वाक्यको समय कालमा असर पर्दैन ।

2）बोलिएको सामग्रीलाई सोध्ने बेला, प्रश्नवाचक शब्द「なん」को प्रयोग गरी तलको अनुसार भनिन्छ ।
A：アランさんは 何と 言いましたか。 *आलान जी ले के भन्नुभयो ?*
B：時間が ないと 言いました。 *समय छैन भने ।*

① 疲れたが、気持ちが よかった。 *थाक्यो तर मन आनन्द भयो ।*

बोल्ने शब्द, लेख्ने शब्द मतलब नगरी साधारण शैलीमा जोड्ने बिभक्ति 「が」「から」को अगाडी साधारण स्वरुपको प्रयोग गरिन्छ ।

(साधारण शैली) 楽しかったから、また 行きたい。

रमाईलो भएकोले फेरी जान मन लाग्यो ।

(विनम्र शैली) 楽しかったですから、また 行きたいです。

रमाईलो भएको हुनाले फेरी जान मन लाग्छ ।

Ａ：今日、暇？ *आज फुर्सद ?*

Ｂ：うん。 *अँ ।*

संज्ञा र な विशेषणको साधारण शैली संवादमा 「―です」को साधारण शैलीको 「―だ」मा छोट्याइन्छ ।

Ａ ：あした 休み？ *भोली बिदा ?*

Ｂ１：うん、休み。 *अँ, बिदा ।*

Ｂ２：ううん、休みじゃ ない。 *अहँ, बिदा होइन ।*

森の 中を 歩きます。 *जंगलको भित्र हिंड्छु ।*

「を」लाई पार गर्ने स्थान जनाउने बिभक्ति हो ।

19 भाषा तथा संस्कृति सम्बन्धि जानकारी

体・病気・けが शरीर, बिरामी, घाउ

1. 体 शरीर

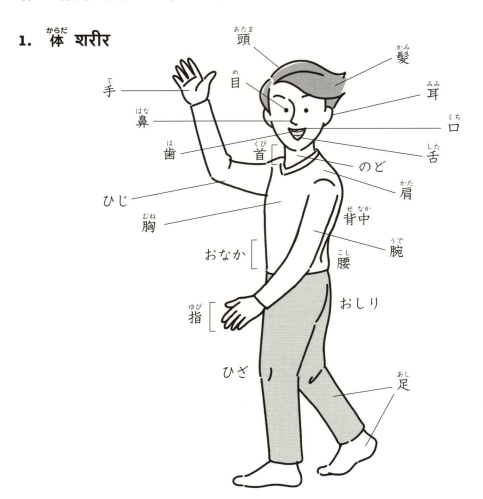

2. 病気・けが बिरामी, घाउ

おなかが 痛いです पेट दुख्यो
熱が あります ज्वरो छ
寒けが します जाडो महसुस हुन्छ
便秘です कब्जियत छ
やけどしました पोल्यो

せきが 出ます खोकि आउँछ
吐きけが します भमित आउँला जस्तो हुन्छ
下痢です झाडापखाला लागेको छ

風邪 रुघा　インフルエンザ फ्लु　ねんざ मर्किनु　骨折 हाड भाँचिएको
花粉症 परागकण एलर्जी　アレルギー एलर्जी

२० यो प्रेमिका बाट पाएको टि सर्ट हो ।

संवाद

जोर्डनः पोन जी, यो टि सर्ट, राम्रो छ है ।
च्याच्याईः धन्यवाद ।
जोर्डनः नयाँ टि सर्ट हो ?
च्याच्याईः अँ, क्या ।
जोर्डनः मलाई पनि नयाँ टि सर्ट मनपरिरहेको तर, किन्न जाने समय छैन ।
च्याच्याईः ए हो । म पनि धेरै जसो इन्टरनेटमा किन्ने गर्छु ।
जोर्डनः त्यसोभए, त्यो पनि इन्टरनेटमा किनेको टि सर्ट हो ?
च्याच्याईः होइन, यो प्रेमिकाबाट पाएको टि सर्ट हो ।
जोर्डनः राम्रो है ।

143

शब्दावली

२०

ひ	火	आगो
ビル		भवन
きけん	危険	खतरा, जोखिम
うちゅう	宇宙	अन्तरिक्ष, ब्रम्हान्ड
うちゅうステーション	宇宙ステーション	अन्तरिक्ष स्टेसन
ゆめ	夢	सपना
かがくしゃ	科学者	वैज्ञानिक
じっけん	実験	परिक्षण
バイオぎじゅつ	バイオ技術	बायो प्रबिधि
サンダル		चप्पल
ぼうし	帽子	टोपी
スカート		स्कर्ट
めがね	眼鏡	चस्मा
かみ	紙	कागज
はさみ		कैंचि
T（ティー）シャツ		टि सर्ट
アンケート		प्रश्नावली
テーマ		विषय
うんどう	運動	कसरत, व्यायाम
シート		रसिद, पत्र
その た	その 他	अन्य
こわす　I	壊す	बिगार्नु
しらせる　II	知らせる	थाहा दिनु
せっけいする　III	設計する	योजना गर्नु
うまれる　II	生まれる	जन्मनु
そだてる　II	育てる	हर्काउनु
かぶる［ぼうしを～］ I	かぶる［帽子を～］	लगाउनु[टोपी～]
かける［めがねを～］ II	掛ける［眼鏡を～］	लगाउनु[चस्मा～]

する　Ⅲ		(टाई) लगाउनु
きめる　Ⅱ	決める	निर्णय गर्नु
まとめる　Ⅱ		संग्रह गर्नु
—ほん／ぼん／ぽん	—本	— वटा(लामो बस्तु गन्नेबेला गणना प्रत्यय)
なんぼん＊	何本	कति वटा
ゆうべ		हिजो सांझ
よく		धेरै पटक
～だけ		～मात्र
いじょうです。	以上です。	यतिनै ।(भाषण आदि सकिने बेला प्रयोग)
まあ。		होला ।
いいなあ。		राम्रो है ।(कुरा गर्दा अनौपचारिक रुपमा भन्ने तरिका)
クイズ		हाजिरीजवाफ

カエサル		गायस जूलियस सिसर
むらさきしきぶ	紫式部	मुरासिकि शिकिबु
ナポレオン		नेपोलियन बोनापार्ट
マリリン・モンロー		मर्लिन मुनरो
ジョン・レノン		जोन लेनोन
チャップリン		च्यार्ली च्याप्लिन
クレオパトラ		क्लियोपाट्रा

वाक्यको संरचना व्याख्या

२०

संज्ञा रुप परिवर्तन

1. संज्ञा रुप परिवर्तन

जापानी भाषामा रुप परिवर्तन गर्ने शब्दमा शब्दावली, वाक्यमा मात्र नभई सबै संज्ञाको अगाडी आउँछ ।

1） संज्ञा, विशेषण अनुसार रुप परिवर्तन

अहिलेसम्ममा संज्ञा वा विशेषण अनुसार संज्ञा रुप परिवर्तनको अध्ययन गरें ।

日本(にほん)の 山(やま)　*जापानको पहाड*⇒ 1 पाठ

高(たか)い 山(やま)　*अग्लो पहाड*⇒ 7 पाठ

有名(ゆうめい)な 山(やま)　*प्रसिद्ध पहाड*⇒ 7 पाठ

2） वाक्य अनुसार रुप परिवर्तन

यस पाठमा वाक्य अनुसार संज्ञा रुप परिवर्तनको अध्ययन गरिन्छ ।

वाक्य अनुसार संज्ञा रुप परिवर्तनमा साधारण स्वरुपको प्रयोग गरिन्छ ।

あした 来(く)る 人(ひと)　*भोलि आउनु हुने व्यक्ति*

あした 来(こ)ない 人(ひと)　*भोलि नआउनु हुने व्यक्ति*

昨日(きのう) 来(き)た 人(ひと)　*हिजो आउनु भएको व्यक्ति*

昨日(きのう) 来(こ)なかった 人(ひと)　*हिजो आउनु नभएको व्यक्ति*

3） संज्ञा रुप परिवर्तन उपवाक्यको भित्रको कर्तामा बिभक्ति「が」ले जनाउँदछ ।

アンさん<u>は</u> ロボットを 作(つく)りました。　*आन जीले रोबर्ट बनाउनुभयो ।*

↓

アンさん<u>が</u> 作(つく)った ロボット　*आन जीले बनाउनु भएको रोबर्ट ।*

2. これは 掃除(そうじ)を する ロボットです。　*यो सरसफाई गर्ने रोबर्ट हो ।*

● **संज्ञा रुप परिवर्तन वाक्य**

रुप परिवर्तन गरिएको भाग「そうじをするロボット」मा कर्ता, विधेय इत्यादि वाक्यको प्रत्येक भागमा प्रयोग गरिन्छ ।

アンさんは 掃除(そうじ)を する ロボットを 作(つく)りました。

आन जीले सरसफाई गर्ने रोबर्ट बनाउनुभयो ।

掃除(そうじ)を する ロボットは 便利(べんり)です。

सरसफाई गर्ने रोबर्ट सुविधाजनक छ ।

① カエサルは サンダルを 履いて います。

खाएसालले चप्पल लगाई राख्नु भएको छ ।

जापानी भाषामा लगाउने बस्तु अनुसार प्रयोग गर्ने क्रिया फरक छन् ।
किमोनो वा सुट इत्यादिमा「きます」, जुत्ता वा सुरुवाल इत्यादिमा「はきます」, टोपीमा
「かぶります」, चस्मा「かけます」, गरगहनामा「します」को प्रयोग गरिन्छ ।

② 食事は 1日に 2回だけでした。 *खाना १ दिनमा २ पटक मात्र खाएँ ।*

「に」चाहिँ बारम्बारको स्तर जनाउने बिभक्ति हो ।「に」को अर्थ "मा" हो ।

　　　1週間に 1回　*1 हप्तामा 1 पटक*
　　　2か月に 1回　*2 महिनामा 1 पटक*

③ 色も デザインも 大好きです。 *रंग पनि डिजाइन पनि एकदम मनपर्छ ।*

「N1 も N2 も」मा "N1 र N2 को दुवै" भन्ने अर्थ हो ।

　A：サンダルを 履いて いる 人は だれですか。

　　चप्पल लगाइरहेको ब्यक्ति को हो ?

　B：カエサルです。 *खाएसल हो ।*

वक्तासंग ब्यक्तिगत रुपमा नजिक सम्बन्ध नभएको बेला, प्रसिद्ध ब्यक्तिमा「～さ
ん」लाई जोडिंदैन ।

147

भाषा तथा संस्कृति सम्बन्धि जानकारी

色（いろ）・柄（がら）・素材（そざい） रंग, बुट्टा, सामग्री

1. 色（いろ） रंग

白（しろ） सेतो　青（あお） निलो　黒（くろ） कालो　黄色（きいろ） पहैँलो　赤（あか） रातो　茶色（ちゃいろ） खैरो
緑（みどり） हरियो　紺（こん） गाढा निलो　ピンク पिन्क　紫（むらさき） प्याजि, बैजनी
オレンジ सुन्तला रंग　ベージュ पहैँलिएको रंग　グレー खरानी

२. 柄（がら） बुट्टा

無地（むじ）
सादा

水玉（みずたま）
पानीको थोपा बुट्टा

チェック
कोठा(चेक) बुट्टा

ストライプ
धर्के बुट्टा

花柄（はながら）
फूल बुट्टा

३. 素材（そざい） सामग्री

綿（めん）／コットン
सुती

毛（け）／ウール
ऊन

絹（きぬ）／シルク
रेसम

ポリエステル
पोलिष्टर

革（かわ）
छाला

२१ पानी पर्यो भने भ्रमण रद्द हुन्छ ।

संवाद

किमः	कृपया । हाइकिंग भ्रमण आवेदन दिने यहाँ हो ?
तानाखाः	हो । यो आवेदन पत्रमा लेख्नुहोस् ।
किमः	हजुर ।
तानाखाः	लेखेपछि, यो बाकसमा हाल्नुहोस् ।
किमः	पानी परेपनि भ्रमण हुन्छ ?
तानाखाः	होइन, पानी पर्यो भने रद्द हुन्छ । चिन्ता लाग्छ भने बिहान यहाँ फोन गर्नुहोस् ।
किमः	थाहा पाएँ ।
तानाखाः	बिहान ८ बजे सम्ममा विद्यालय आउनुहोस् ।

शब्दावली

21

ゆき	雪	हिँउ
ざんぎょう	残業	तोकिएको समय भन्दा बढि काम गर्नु, ओभरटाइम
びょうき	病気	बिरामी
みち	道	बाटो
キャッシュカード		क्यास कार्ड
こうつう	交通	सवारी
じこ	事故	दुर्घटना
こうつうじこ	交通事故	सवारी दुर्घटना
じしん	地震	भुईंचालो
たいふう*	台風	ताइफुन
けいさつ	警察	प्रहरी
エンジン		इन्जिन
ちょうし	調子	अवस्था
じゅけんひょう	受験票	परिक्षा प्रबेश पत्र
あさねぼう	朝寝坊	बिहान ढिलासम्म सुत्नु
ラブレター		प्रेमपत्र
せいせき	成績	परीक्षाफल
おしゃべり		कुराकानी
ず	図	चित्र
いえ	家	घर
ちから	力	शक्ति
とし	年	बर्ष
へび	蛇	सर्प
おや	親	अभिभावक
ふつう	普通	साधारण
ツアー		टुर, भ्रमण
もうしこみ	申し込み	दर्ता गर्नु
～しょ	～書	～पत्र
もうしこみしょ	申込書	दर्ता पत्र
ちゅうし	中止	रध्द रोक्नु
ふる　I	降る	पर्नु

まよう　Ⅰ	迷う	अलमलिनु(बाटो+に)
なくす　Ⅰ		हराउनु
あう　Ⅰ	遭う	पर्नु(घट्ना+に)
おきる　Ⅱ	起きる	घट्नु
わすれる　Ⅱ	忘れる	बिर्सनु
ひろう　Ⅰ	拾う	टिप्नु
たりる　Ⅱ	足りる	पुग्नु
つく　Ⅰ	着く	पुग्नु(स्थान+に)
とどく　Ⅰ	届く	आइपुग्नु
さく　Ⅰ	咲く	फुल्नु
しょうかいする　Ⅲ	紹介する	परिचय दिनु
やめる　Ⅱ		रोक्नु
くみたてる　Ⅱ	組み立てる	जडान गर्नु
ふとる　Ⅰ	太る	मोटाउनु
やせる＊　Ⅱ		दुब्लाउनु
おとす　Ⅰ	落とす	झार्नु
われる　Ⅱ	割れる	फुट्नु
よう　Ⅰ	酔う	(मदिराले) लाग्नु
こわれる　Ⅱ	壊れる	बिग्रिनु
ちゅういする　Ⅲ	注意する	ध्यान दिनु
けんかする　Ⅲ		झगडा गर्नु
すききらいする　Ⅲ	好き嫌いする	रुचि अरुचि गर्नु
サボる　Ⅰ		काम नगरी समय बिताउनु
わるい	悪い	नराम्रो
よわい	弱い	कमजोर
つよい＊	強い	बलियो
あまい	甘い	गुलियो
しあわせ[な]	幸せ[な]	सुखी
しんぱい[な]	心配[な]	पिर
—にんのり	—人乗り	— जना चढ्ने
〜いか	〜以下	〜भन्दा कम
〜いじょう＊	〜以上	〜भन्दा बढि
〜までに		〜भित्रमा

151

21

वाक्यको संरचना व्याख्या

अवस्था वाक्य

1. 雪が たくさん 降ったら、早く うちへ 帰ります。

हिउँ धेरै पर्यो भने, छिटो घर फर्किन्छु ।

● S1 たら、S2

अनुमान अवस्था जनाउने प्रस्तुति हो ।「S1 たら」मा अनुमान अवस्था जनाउने, S1 चाहिँ पुरा हुनेअवस्थामा S2 ले पुर्ण गर्ने कुरा जनाउँदछ । अर्थ "भने" हो ।「S たら」मा क्रिया वाक्य, विशेषण वाक्य, संज्ञा वाक्यको「साधारण स्वरुप · भुतकाल स्वरुप＋ ら」को स्वरुप हो ।

		सकारात्मक	नकारात्मक
V	ふる	ふったら	ふらなかったら
い A	たかい	たかかったら	たかくなかったら
な A	ひまだ	ひまだったら	ひまじゃなかったら
N	あめだ	あめだったら	あめじゃなかったら

2. 駅に 着いたら、電話して ください。　*स्टेसनमा पुगेपछि फोन गर्नुहोस् ।*

● V たら、S

「V たら」चाहिँ भविष्यमा अवश्य हुने कुरा जनाउँने अवस्थामा प्रयोग गरिन्छ । S ले V लाई पुर्ण गरिएपछि गरिने कार्य जनाउँदछ । अर्थ "पछि" हो ।

3. 宿題が あっても、コンサートに 行きます。　*गहकार्य भएपनि कन्सर्ट जान्छु ।*

● S1 ても、S2

विपरित संयोजन अवस्थालाई जनाउने प्रस्तुति हो । अर्थ "पनि" हो । S1 ले वयान गरिएको अवस्था मूलबाट स्वाभाविक हुने र अनुमान गर्ने निर्णय चाहिँ विपरित चिजको S2 ले हुने निर्णय जनाउँदछ ।

「S ても」मा て स्वरुपमा「も」जोडिएर बनाइन्छ ।

		सकारात्मक	नकारात्मक
V	かく	かいても	かかなくても
	ある	あっても	なくても
い A	たかい	たかくても	たかくなくても
な A	ひまだ	ひまでも	ひまじゃなくても
N	あめだ	あめでも	あめじゃなくても

- -

① 地震が 起きます。　*भुकम्प आउँछ ।*
「が」चाहिँ प्राकृतिक घटना वा दुर्घटना इत्यादि जनाउँने बिभक्ति हो ।

② 8時までに 来て ください。　*8 बजे भित्र आउनुहोस् ।*
「までに」चाहिँ कार्य हुनुपर्ने अन्तिम अवधि जनाउने बिभक्ति हो ।

③ 学校に 来て ください。　*विद्यालयमा आउनुहोस् ।*
「に」मा व्यक्ति वा वस्तुको स्थानान्तरण स्थान(लक्षित स्थान) जनाउने बिभक्ति हो ।
दिशालाई जनाउने「へ」को समान रुपमा,「に」पनि स्थानान्तरण क्रिया「いく」「くる」
「かえる」मा जोडिन्छ ।

153

भाषा तथा संस्कृति सम्बन्धि जानकारी

日本(にほん)の 時代(じだい) जापानको युग

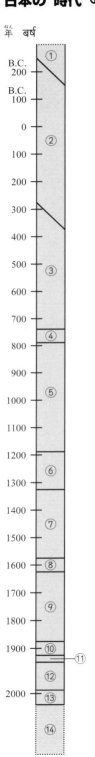

年(ねん) बर्ष

①縄文時代(じょうもんじだい)　ज्योमोन युग

②弥生時代(やよいじだい)　यायोइ युग

③大和時代(やまとじだい)　यामातो युग

④奈良時代(ならじだい)　नारा युग

⑤平安時代(へいあんじだい)　हेइआन युग

⑥鎌倉時代(かまくらじだい)　खामाकुरा युग

⑦室町時代(むろまちじだい)　मुरोमाचि युग

⑧安土桃山時代(あづちももやまじだい)
आजुचि मोमोयामा युग

⑨江戸時代(えどじだい)　यदो युग

⑩明治(めいじ)　मेइजि युग

⑪大正(たいしょう)　ताइस्यो युग

⑫昭和(しょうわ)　स्योउवा युग

⑬平成(へいせい)　हेइसेइ युग

⑭令和(れいわ)　रेइवा युग

२२ खाना बनाईदिनु भयो ।

संवाद

सेरखानः वातानाबे जी, विभिन्न सेवा पाएँ ।
वातानाबेः होइन, तपाईंको तर्फबाट पनि ।
सेरखानः बिरामी भएको बेला खाना बनाईदिनु भएको थियो है ।
वातानाबेः अँ, हो है ।
सेरखानः एकदम खुशी लाग्यो । साँच्चै नै धेरै धेरै धन्यवाद ।
वातानाबेः मैले पनि बिभिन्न सिकि पाएँ, टर्किको बारेमा धेरै थाहा पाएँ ।
इन्टर्नसिप कहिले देखि हो ?
सेरखानः अर्को हप्ता देखि हो ।
वातानाबेः नागासाकि गएपनि मेहेनत गर्नुहोस् ।
सेरखानः हुन्छ । समय मिल्यो भने नागासाकिमा घुम्न आउनुहोस् ।
वातानाबेः धन्यवाद । स्वस्थ रहनुहोस् ।

शब्दावली

22

にんぎょう	人形	पुतली
ハンカチ		रुमाल
けいこうとう	蛍光灯	ट्युब
けが		घाउ
プロジェクター		प्रोजेक्टर
ひ	日	दिन
とおく	遠く	टाढा
インターンシップ		इन्टर्नसिप
たのしみ	楽しみ	उत्सुक
みなさま	皆様	सबैजना(「みなさん」विनम्र रुपमा भन्ने तरिका)
こと		बारेमा
きかい	機会	अवसर
こちら		यहाँ(「ここ」विनम्र रुपमा भन्ने तरिका)
そちら＊		त्यहाँ(「そこ」विनम्र रुपमा भन्ने तरिका)
あちら＊		उ त्यहाँ(「あそこ」विनम्र रुपमा भन्ने तरिका)
くれる　Ⅱ		पाउनु
つれて　いく　Ⅰ	連れて　行く	संगै लिएर जानु
つれて　くる＊　Ⅲ	連れて　来る	संगै लिएर आउनु
みる　Ⅱ	見る	हेर्नु
なおす　Ⅰ	直す	मर्मत गर्नु, मिलाउनु, बनाउनु
とりかえる　Ⅱ	取り替える	फेर्नु
ごうかくする　Ⅲ	合格する	उत्तीर्ण हुनु (परिक्षा+に)
わたす　Ⅰ	渡す	पार गराउनु
つける　Ⅱ		जोड्नु
くばる　Ⅰ	配る	बाड्नु
うれしい		खुशी

この あいだ	この 間	अस्ति
～けん	～県	～अञ्चल
～と	～都	～महानगर
～し	～市	～नगर
～く	～区	～वार्ड
～さま	～様	～हजुर

ごめん。		माफ गर्नु ।(अनौपचारिक रुपमा भन्ने तरिका)
おせわに なりました。	お世話に なりました。	सेवा पाएँ ।
いいえ、こちらこそ。		होइन, तपाईंको बाट पनि ।
おげんきで。	お元気で。	राम्रोसंग बस्नुहोस् ।
おげんきですか。	お元気ですか。	सन्चै हुनुहुन्छ ?
そうでしたね。		त्यस्तै थियो है ।

トルコ		टर्कि
ぶんきょうく	文京区	बुन्क्यो वार्ड
こいしかわ	小石川	कोइसिखावा
ながさき（けん）	長崎（県）	नागासाकि(अञ्चल)
うえだし	上田市	उएदा नगर
うえだ	上田	उएदा

वाक्यको संरचना व्याख्या

क्रिया वाक्य 5: आदान प्रदान क्रिया

1. 渡辺さんは　わたしに　本を　くれました。

वातानावे जीले मलाई पुस्तक दिनुभयो ।

● N1(व्यक्ति) に N2(बस्तु) を くれる

「くれる」मा पाउने व्यक्तिले वक्ता वा वक्ताको समुहको कुनै(परिवार इत्यादि वक्ताको नजिकको व्यक्ति) अवस्थामामात्र प्रयोग गरिन्छ । अर्कोतिर,「あげる」मा पाउने व्यक्ति वक्ता वा वक्ताको समुह नभएको अवस्थामा प्रयोग गरिन्छ । त्यसकारण「わたなべさんはわたしにほんをあげました」गल्ति हो ।

渡辺さんは　わたしに　本を　くれました。

वातानावे जीले मलाई पुस्तक दिनुभयो ।

渡辺さんは　妹　に　本を　くれました。

वातानावे जीले बहिनीलाई पुस्तक दिनुभयो ।

渡辺さんは　リンさんに　本を　あげました。

वातानावे जीले लिन जीलाई पुस्तक दिनुभयो ।

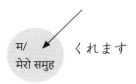

2. 渡辺さんは　わたしに　日本の　歌を　教えて　くれました。

वातानावे जीले मलाई जापानी गीत सिकाई दिनुभयो ।

● Vて くれる

「くれる」चाहिँ क्रियाको て स्वरुपमा जोडिएर "कसैको कार्य अनुसार वक्तालाई लाभ दिने कुरालाई जनाउने कार्यको पाउने व्यक्तिको स्तरले कृतज्ञताको भावना जनाउँदछ । मुख्य क्रिया क्रियाको रुपमा प्रयोग गरिने अवस्था र त्यस अनुरुपमा फाइदा, लाभको पाउने व्यक्तिले वक्ता वा वक्ताको समुहको सदस्य हो । फाइदा · लाभ दिने व्यक्ति कर्ता हुन्छ ।

① 渡辺さんは　わたしに　日本の　歌を　教えました。

वातानावे जीले मलाई जापानी गीत सिकाउनुभयो ।

② 渡辺さんは　わたしに　日本の　歌を　教えて　くれました。

वातानाले जीले मलाई जापनी गीत सिकाइ दिनुभयो ।

① मा "वातानावे जीले गीत सिकाउनु भएको कुरा वयान गरिएको मात्र हो तर, ② मा "वातानावे जीले गीत सिकाउनु भएको फाईदा भएको कुरा वक्ताको भावना जनाईएको छ ।

यस प्रकारले, て स्वरुपसंग सम्बन्ध भई आदान प्रदान क्रिया, त्यस कार्य संगसंगै फाईदा र कृपाको साटासाट पनि जनाइन्छ ।

3. わたしは 渡辺さんに 日本の 歌を 教えて もらいました。

मलाई वातानावे जीले जापानी गीत सिकाई दिनुभयो ।

●Vて もらう

वक्ताले "कसैको कार्यले फाईदा लाभ पाउनु" भन्ने प्रस्तुतिले वक्ता नै पाउने व्यक्ति भई कृतज्ञता जनाएको छ । फाईदा लाभ पाउने व्यक्ति कर्ता हुन्छ ।

わたしは 渡辺さんに 日本の 歌を 歌って もらいました。

मलाई वातानावे जीले जापानी गीत गाई पाएँ ।

"मलाई वातानावे जीले जापानी गीत गाईदिनु भएकोमा कृतज्ञता गर्दछु ।" भन्ने अर्थ जनाउँदछ ।

4. わたしは 渡辺さんに わたしの 国の 歌を 教えて あげました。

मैले वातानावे जीलाई मेरो देशको गीत सिकाई दिएँ ।

●Vて あげる

यसमा "वक्ताले वक्ताको समुह बाहेकको व्यक्तिलाई फाईदा लाभ जनाउने" भन्ने अर्थ हो । लाभ दिने व्यक्ति कर्ता हो ।

わたしは 渡辺さんに わたしの 国の 歌を 歌って あげました。

मैले वातानावे जीलाई मेरो देशको गीत गाई दिएँ ।

यस प्रस्तुतिमा जिद्धि गरेको प्रभाव पार्ने भएकोले, वक्ताले आफुभन्दा ठूलो व्यक्तिलाई केहि गर्नु/गरेको कुराले, त्यस व्यक्तिलाई लक्षित गरी सिधै कुरा गर्ने बेलामा प्रयोग नगर्दा राम्रो होला ।

---

① A：だれが 浴衣を 貸して くれましたか。

कसैले युखाता सापट दिनु भएको हो ?

B：渡辺さんが 貸して くれました。 *वातानावे जीले सापट दिनु भयो ।*

「だれ」「どこ」「なに」「いつ」इत्यादि प्रश्नवाचक शब्दको पछाडी, बिषय जनाउँने बिभक्तिमा「は」नभई, बिभक्ति「が」को प्रयोग गरिन्छ । त्यसमाथि, त्यस बिचमा उत्तर दिने बेलामा बिभक्ति「が」को प्रयोग गरिन्छ ।

② トルコ語を 教えて くれて、ありがとう。

टर्कि भाषा सिकाई दिनु भएकोमा धन्यवाद ।

「V てくれて、ありがとう」मा श्रोताको कार्य अनुसार लाभ पाएको छ भने अर्को पट्टि, वक्ताले कृतज्ञता जनाउने प्रस्तुति हो । आफुभन्दा ठूला व्यक्तिलाई「V てくださって、ありがとうございます」को प्रयोग गरिन्छ ।

भाषा तथा संस्कृति सम्बन्धि जानकारी

年賀状(ねんがじょう) नयाँ बर्षको कार्ड

1. 十二支(じゅうにし) चिनियाँ बाह्र जनावरको राशि

ねずみ　うし　とら　うさぎ　たつ　へび

うま　ひつじ　さる　とり　いぬ　いのしし

2. 年賀状(ねんがじょう)を 書(か)きましょう नयाँ बर्षको कार्ड लेखौं

相手(あいて)の 名前(なまえ)
पाउने ब्यक्तिको नाम

相手(あいて)の 郵便番号(ゆうびんばんごう) पाउने ब्यक्तिको हुलाक नम्बर

相手(あいて)の 住所(じゅうしょ) पाउने ब्यक्तिको ठेगाना

नयाँ बर्षको
शुभकामना

यस बर्ष पनि
तपाईको शुभ
रहोस् ।

पाउने ब्यक्तिलाई 様(さま) भनेर थप्ने

自分(じぶん)の 住所(じゅうしょ)と 名前(なまえ)と 郵便番号(ゆうびんばんごう) पठाउने ब्यक्तिको ठेगाना, नाम र हुलाक नम्बर

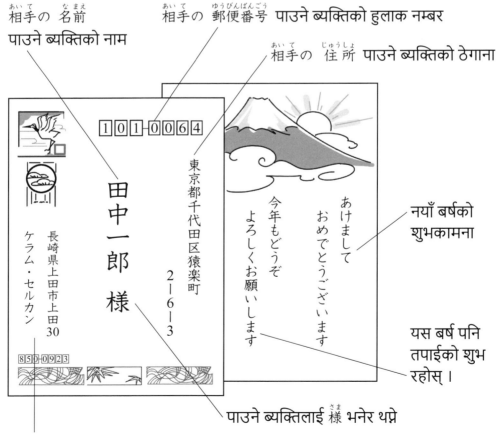

まとめ 4

शब्दावली

ぼく	僕	म(बोकु)(「わたし」को अनौपचारिक रुपमा भन्ने तरिका)
けしゴム	消しゴム	मेट्ने रबर, इरेजर
ドア		ढोका
しょうがっこう	小学校	प्राथमिक विद्यालय
みんな		सबैजना
こえ	声	स्वर
ぶん	文	वाक्य
おどろく　I	驚く	अचम्म
さびしい	寂しい	नरमाइलो
ある　〜		एकदिन〜
おなじ　〜	同じ　〜	एउटै〜
〜くん	〜君	〜कुन(「〜さん」अनौपचारिक रुपमा भन्ने तरिका, केटालाई भन्ने तरिका)
おめでとう。		बधाई।
いしだ	石田	इसिदा
ゆうた	勇太	युउता

161

巻末（かんまつ）

शब्दावली

—ぶんの —	—分の —	— भागको —
おく	億	अरब
—てん—	—点—	— दशमलब —
かず	数	अंक
じこく	時刻	समय
ようび	曜日	दिन
おととし		पोहोर साल
さらいねん	再来年	पराघौं बर्ष
カレンダー		क्यालन्डेर
—ねんはん	—年半	— डेढ बर्ष
かぞえかた	数え方	गन्ने तरिका
よびかた	呼び方	बोलाउने तरिका
やまだ	山田	यामादा
かたち	形	बनोट
チャート		चार्ट

執筆者
山﨑佳子　元東京大学大学院工学系研究科
石井怜子
佐々木薫
高橋美和子
町田恵子　元公益財団法人アジア学生文化協会日本語コース

ネパール語翻訳
महर्जन अमिता

本文イラスト
内山洋見

カバーイラスト
宮嶋ひろし

装丁・本文デザイン
山田武

日本語初級１大地
文型説明と翻訳　ネパール語版

2025年3月21日　初版第1刷発行

著　者　山﨑佳子　石井怜子　佐々木薫　高橋美和子　町田恵子
発行者　藤嵜政子
発　行　株式会社スリーエーネットワーク
〒102-0083　東京都千代田区麹町3丁目4番
トラスティ麹町ビル2Ｆ
電話　営業　03（5275）2722
編集　03（5275）2725
https://www.3anet.co.jp/
印　刷　萩原印刷株式会社

ISBN978-4-88319-967-9　C0081
落丁・乱丁本はお取替えいたします。

本書の全部または一部を無断で複写複製（コピー）することは著作権法上での例外を除き、禁じられています。

日本語学校や大学で日本語を学ぶ外国人のための日本語総合教材

大地
だいち

■初級1

日本語初級1 大地　メインテキスト
山﨑佳子・石井怜子・佐々木薫・高橋美和子・町田恵子●著
B5判　195頁+別冊解答46頁　CD1枚付　3,080円(税込)〔978-4-88319-476-6〕

日本語初級1 大地　文型説明と翻訳
〈英語版〉〈中国語版〉〈韓国語版〉〈ベトナム語版〉〈タイ語版〉〈ネパール語版〉
山﨑佳子・石井怜子・佐々木薫・高橋美和子・町田恵子●著　B5判　162頁　2,200円(税込)
英語版〔978-4-88319-477-3〕　　中国語版〔978-4-88319-503-9〕
韓国語版〔978-4-88319-504-6〕　　ベトナム語版〔978-4-88319-749-1〕
タイ語版〔978-4-88319-954-9〕　　ネパール語版〔978-4-88319-967-9〕

日本語初級1 大地　基礎問題集
土井みつる●著　B5判　60頁+別冊解答12頁　990円(税込)〔978-4-88319-495-7〕

文法まとめリスニング 初級1―日本語初級1 大地準拠―
佐々木薫・西川悦子・大谷みどり●著
B5判　53頁+別冊解答42頁　CD2枚付　2,420円(税込)〔978-4-88319-754-5〕

ことばでおぼえる やさしい漢字ワーク 初級1―日本語初級1 大地準拠―
中村かおり・伊藤江美・梅津聖子・星野智子・森泉朋子●著
B5判　135頁+別冊解答7頁　1,320円(税込)〔978-4-88319-779-8〕

新装版　日本語初級1 大地　教師用ガイド「教え方」と「文型説明」
山﨑佳子・佐々木薫・高橋美和子・町田恵子●著
B5判　183頁　2,530円(税込)〔978-4-88319-958-7〕

■初級2

日本語初級2 大地　メインテキスト
山﨑佳子・石井怜子・佐々木薫・高橋美和子・町田恵子●著
B5判　187頁+別冊解答44頁　CD1枚付　3,080円(税込)〔978-4-88319-507-7〕

日本語初級2 大地　文型説明と翻訳
〈英語版〉〈中国語版〉〈韓国語版〉〈ベトナム語版〉
山﨑佳子・石井怜子・佐々木薫・高橋美和子・町田恵子●著　B5判　156頁　2,200円(税込)
英語版〔978-4-88319-521-3〕　　中国語版〔978-4-88319-530-5〕
韓国語版〔978-4-88319-531-2〕　　ベトナム語版〔978-4-88319-759-0〕

日本語初級2 大地　基礎問題集
土井みつる●著　B5判　56頁+別冊解答11頁　990円(税込)〔978-4-88319-524-4〕

文法まとめリスニング 初級2―日本語初級2 大地準拠―
佐々木薫・西川悦子・大谷みどり●著
B5判　48頁+別冊解答50頁　CD2枚付　2,420円(税込)〔978-4-88319-773-6〕

ことばでおぼえる やさしい漢字ワーク 初級2―日本語初級2 大地準拠―
中村かおり・伊藤江美・梅津聖子・星野智子・森泉朋子●著
B5判　120頁+別冊解答7頁　1,320円(税込)〔978-4-88319-782-8〕

新装版　日本語初級2 大地　教師用ガイド「教え方」と「文型説明」
山﨑佳子・佐々木薫・高橋美和子・町田恵子●著
B5判　160頁　2,530円(税込)〔978-4-88319-959-4〕

日本語学習教材の
スリーエーネットワーク

https://www.3anet.co.jp/
ウェブサイトで新刊や日本語セミナーを紹介しております
営業　TEL:03-5275-2722　　FAX:03-5275-2729